키워드 한국사 7

현대

키워드 한국사 7

김성환 지음 | 김은미·김숙경 그림

사계절

이 책을 펴내면서

이제 막 역사의 문턱에 들어선 친구들에게

역사란 무엇일까?

너희들은 친구를 처음 사귈 때 그 아이가 그동안 어디에서 살았으며 가족은 누구인지, 또 어떤 환경에서 자랐는지 궁금한 적이 있었을 거야. 역사란 바로 그런 거란다. 이미 흘러가 버린 과거에 무슨 일이 있었는지 궁금해하고 그것을 알아 가는 과정이 곧 역사라는 거야. 그렇게 과거에 대해 잘 알게 되면 다가올 앞날을 더욱 알차게 계획할 수 있게 되지.

그런데 바로 며칠 전 교실에서 일어난 일을 두고 반 친구들이 저마다 다르게 얘기한 때가 있을 거야. 만약 며칠 전이 아니라 한참 전에 일어났던 일이라면 더 말할 필요도 없겠지. 그것은 시간이 흘러 기억이 흐릿해질 수도 있고 또 그때의 상황을 저마다 다른 처지에서 바라보기 때문일 거야.

역사도 그렇단다. 역사에서 우리에게 남겨진 것은 항상 얼마 안 되는 기록과 흔적뿐이야. 게다가 기록을 남긴 사람의 관점에 따라 다르게 기록한 경우도 많지. 그 기록을 세심하게 뜯어 살펴서 언제 무슨 일이 어떻게 일어났는지를 정확하게 재구성하는 것이 역사란다. 그래서 역사를 공부할 때는 암기력이 아니라 세심한 관찰력과 논리적인 추리력이 필요한 거야.

이런 점에서 『키워드 한국사』에서는 과거에 일어난 특정한 사건을 놓고 그것이 왜 일어났는지, 그것이 일어날 수밖에 없는 어떤 사정이 있

었는지, 그 사건에 숨어 있는 의미는 무엇인지를 논리와 추리를 최대한 동원해서 밝혀 보려고 했단다. 역사를 공부할 때는 역사적인 사실을 낱낱이 잘 아는 것보다 사건이 일어난 배경이라든가 사실들의 관계, 역사적 맥락을 이해하는 것이 더 중요하기 때문이야.

『키워드 한국사』는 권마다 30개 안팎의 키워드로 이루어져 있어. 해당 시대를 이해하는 데 꼭 필요한 역사 개념과 인물·사건·생활·문화 등 다양한 분야의 키워드가 골고루 포함되어 있단다. 말하자면 우리 역사를 알 수 있는 중요한 단서라고나 할까?

예를 들어 현대사에서 우리 민족의 가장 큰 불행인 '6·25 전쟁'이 왜 일어났는지 이해하려면, 그 전쟁을 일으킨 북한에 대해 알아야 해. 그런데 북한을 알기 위해서는 1945년 우리나라가 일제에서 해방된 뒤 이 땅에서 어떤 일이 일어났는지 살펴봐야 한단다. 거기에는 '미·소 양국군 진주', '조선 건국 준비 위원회', '신탁 통치'와 같은 키워드들이 줄지어 등장하지.

이렇게 역사의 키워드, 곧 역사의 단서들을 엮어 나가다 보면 역사의 흐름이 자연스럽게 보일 거야. 그러니까 연도나 사건, 인물 등을 달달 외울 필요는 없단다. 이 책을 읽고 우리 역사에 호기심을 갖게 되거나 또 다른 궁금증이 꼬리에 꼬리를 물고 생겨나서 우리 역사를 더 알고 싶다는 마음이 생긴다면, 그게 바로 진짜 역사 공부가 되는 거야.

이 책에 나오는 키워드를 바탕으로 너희들 스스로 새로운 역사 키워드를 더 많이 찾아내 주길 바란다.

 『키워드 한국사』 글쓴이들

차례

1 해방에서 분단으로

키워드 01 **8·15 해방** 해방의 그날, 그들은 어디에 있었는가   12

키워드 02 **미·소 양국군 진주** 속셈이 다른 두 점령군   22

키워드 03 **조선 건국 준비 위원회** 좌우 모두에게 배척당한 여운형   30

키워드 04 **신탁 통치** 언론의 오보에서 비롯된 신탁 통치 소동   36

키워드 05 **대한민국의 건국** 마침내 갈라진 조국   42

키워드 ✚ **반민 특위** 반민 특위의 실패, 역사의 한으로 남다   50

키워드 06 **제주 4·3 사건** 폭주하는 분단 기관차에 치인 희생자들   52

키워드 07 **조선 민주주의 인민 공화국** 북한은 어떻게 건국되었나   58

키워드 08 **6·25 전쟁** 피로 물든 슬픈 한반도   64

2 개발 독재의 시대

키워드 09 **이승만 정부** 희롱당하는 민주주의   78

키워드 10 **4·19 혁명** 민주주의 만세!   86

키워드 11 **5·16 군사 쿠데타** 박정희, 군사 독재 시대를 열다   96

키워드 12 **한·일 회담과 베트남 파병** 미국에 충실한 동맹국   106

키워드 13 **경제 개발 계획** 개발 독재를 밀어붙이다 114

키워드 ✚ **새마을 운동** 초가집도 없애고 마을 길도 넓히고 124

키워드 14 **전태일** "우리는 기계가 아니다!" 126

키워드 15 **유신 체제** 박정희 1인 집권 체제를 세우다 132

키워드 ✚ **7·4 남북 공동 성명** 남북 관계, 제자리를 맴돌다 140

키워드 16 **반공 체제** "수상하면 신고하고, 자수하여 광명 찾자" 142

키워드 17 **10·26 사건** 스스로 무너진 유신 체제 148

3 민주주의와 통일을 향하여

키워드 18 **5·18 민주화 운동** "아아, 광주여! 우리나라의 십자가여!" 156

키워드 19 **제5공화국과 6월 민주 항쟁** 시민의 함성이 민주화를 이루다 166

키워드 20 **서울 올림픽** 세계화의 첫걸음을 내딛은 서울 올림픽 176

키워드 21 **주체사상** 주체사상과 수령론으로 무장한 북한 체제 180

키워드 22 **IMF 외환 위기** 벼랑 끝에 선 한국 경제 190

키워드 23 **김대중** 의지의 정치인 김대중, 정권 교체를 이루다 196

키워드 24 **6·15 남북 정상 회담** 분단에서 통일로 가는 멀고 험한 길 202

키워드 25 **한국 현대사** 우리 현대사를 어떻게 바라볼 것인가 208

연표 216

찾아보기 218

사진·그림 제공 및 출처 222

35년에 걸친 일본의 식민지 지배는 마침내 1945년 일본의 패망과 함께 막을 내렸어. 해방을 맞은 우리 민족은 새 나라를 다시 일으켜 세울 희망에 가슴이 벅찼지. 하지만 한반도를 둘러싼 정세는 우리 민족의 기대와는 다르게 분단의 길로 흘러갔어. 많은 이들이 그런 비극을 막기 위해 노력했지만, 분단으로 치닫는 흐름을 멈출 수 없었단다.

키워드 01 | 8·15 해방

해방의 그날, 그들은 어디에 있었는가

1945년 8월 15일, 드디어 우리 민족은 일제 지배의 암흑에서 벗어났어. 일본이 2차 세계 대전에서 연합국에 패배하고 무조건 항복함으로써 1910년부터 35년 동안 이어져 온 식민지 지배가 끝장난 거지. 그러나 마냥 기뻐야만 했던 그날이 결과적으로는 우리 민족에게 또 하나의 시련이 시작되는 날이 되었단다.

【일제의 암흑에서 해방되다】

1945년 8월 15일 정오 무렵, 많은 사람들이 라디오 앞으로 몰려들었어. 일본 천황 히로히토가 특별 발표를 한다고 했거든. 방송국 관계자를 비롯한 극소수 사람들은 그것이 일본의 항복 선언이라는 것을 알았지만 대부분의 한국 사람들은 그 내용을 짐작하지 못했어.

드디어 정오가 되자 아나운서가 청취자들에게 일어설 것을 요구했어. 천황은 신과 같은 존재이기 때문에 천황의 말을 들을 때는 경건한 자세를 갖춰야 했지. 라디오 앞에 모여든 사람들이 일어서서 차려 자세로 고개를 숙인 순간, 라디오에서 히로히토 천황의 목소리가 흘러나왔어. 일본어인 데다 잡음이 많아서 한국 사람들은 잘 알아듣지 못했어. 하지만 첫 대목은 이랬어.

"짐은 세계의 대세와 제국의 현

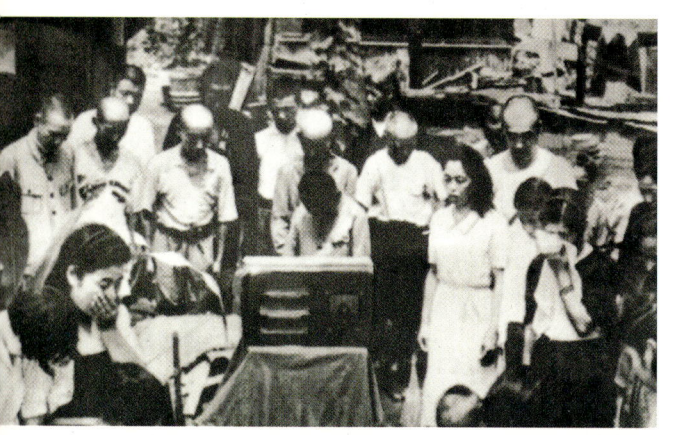

일본 천황의 항복 방송을 듣고 침통해하는 서울의 일본인들

해방의 기쁨 해방이 되자 감옥에 갇혀 있던 독립운동가들이 풀려 나오고(오른쪽 사진), 일제 강점기 동안 일장기가 걸려 있던 남산 국기 게양대에도 대형 태극기가 내걸렸다(왼쪽 사진).

상을 깊이 살핀 결과 비상조치로 시국을 수습하기 위해 여기 충량한 그대들 신민에게 고하노라. 짐은 제국 정부로 하여금 미국, 영국, 소련, 중국 4국에 대하여 그들이 제시한 공동 선언을 수락할 뜻을 통고하도록 하였다."

　사람들은 이게 무슨 뜻인가 의아해했어. 천황의 발표가 끝나자 한국인 아나운서가 그 뜻이 무엇인지 밝혀 주었어. 일본이 연합국에 항복했다고 말이야. 방송을 들은 한국 사람들은 어안이 벙벙했어. 일제가 망하고 한국이 독립하게 됐다는 것이 꿈인지 생시인지 분간할 수 없을 지경이었지.

　많은 한국 사람들이 도대체 이 사태가 무엇을 뜻하는지 가늠조차 못한 채 8월 15일은 그렇게 흘러갔어. 이튿날 서대문 형무소에서 독립운동가들이 풀려 나오고 독립운동가 여운형이 이제 새 나라를 세워야 한다고 발표하자, 그제야 사람들은 해방을 실감하기 시작했어. 너도나도 장롱 깊숙이 숨겨 놓았던 태극기를 들고 거리로 쏟아져 나왔지. 서울의 종로와 서울역, 그리고 전국 곳곳에서 사람들이 거리로 나와 목이 터져라 독립 만세를 외쳤단다.

【하늘이 무너지고 땅이 꺼진 김구】

사실 일제 강점기 35년 동안 우리 민족은 일제에 고분고분 지배당하고만 있지는 않았어. 수많은 독립운동가들이 나라 안팎에서 조국의 독립을 위해 싸웠지. 그 가운데 해방 이후 중요한 역할을 한 세 사람을 들자면 김구, 이승만, 김일성이라고 할 수 있어.

김구는 중국에서 대한민국 임시 정부를 이끌었고, 이승만과 김일성도 독립운동에서 중요한 역할을 차지했어. 그런데 이 세 사람은 우리 민족이 해방되던 8월 15일 어디에서 무엇을 하고 있었을까? 이것을 살펴보면 해방의 그날이 왜 비극의 시작점이 되었는지 알 수 있단다.

먼저 김구의 행적을 살펴보자.

1945년 8월 15일 당시 김구의 직책은 대한민국 임시 정부 주석이었어. 오늘날의 대통령과 비슷한 지위였지. 그러나 정작 해방이 이루어진 순간에는 임시 정부도 김구도 그러한 지위를 인정받지 못했어.

그 이유는 무엇일까? 그것은 독립운동 세력이 여러 분파로 나뉘어 서로 자신만이 옳다고 주장하며 싸운 탓에 사실상 임시 정부가 독립운동을 대표하지 못하는 처지였다는 데 있었어.

이를테면 이런 일이 있었어. 1945년으로 접어들면서 일본군에 학도병으로 끌려갔다가 탈출해서 중국에 있던 임시 정부를 찾아가는 한국 청년들이 늘어났어. 그 가운데 장준하라는 청년도 있었지. 그러나 장준하가 온갖 위험을 무릅쓰고 탈출해

광복군 해방 직전 중국에서 국내 진공 작전을 준비하고 있던 한국 광복군 장교들. 왼쪽부터 노능서, 김준엽, 장준하이다.

사격 훈련을 하고 있는 광복군

광복군 배지

찾아간 임시 정부의 실상은 그를 실망시켰어. 독립운동가들이 여러 분파로 갈라져 서로 싸우는 데만 열중하고 있었던 거야. 그런 모습을 보고 장준하는 "임시 정부 청사에 폭탄을 던지고 싶다."고 울분을 토했단다.

그렇지만 이런 상황에서도 김구 주석은 나름대로 정세에 대처하기 위해 최선을 다했어. 그가 보기에 일본은 이미 패색이 짙었지. 따라서 우리도 구경만 할 것이 아니라 정식으로 전쟁에 참여해서 일본군과 맞서 싸워야 한다고 생각했어. 일본이 패망한 뒤에 한반도를 우리가 직접 접수해야 한다는 것이었지.

이를 위해서 김구는 이미 1940년에 한국 광복군을 조직했고, 일본에 국가 대 국가로서 선전 포고를 했어. 하지만 전투에 참여할 여력은 없었지. 그런데 1945년에 들어서자 전세는 빠르게 일본 패망을 향해 흘렀어. 김구는 중국에 있는 미국의 특수 부대인 OSS(Office of Strategic Services : 미국 전략 사무국. 나중에 CIA, 곧 미국 중앙정보국이 된다.)와 협력하여 군사 작전에 참여하는 방법을 찾았어. 광복군 정예 요원에게 특수 훈련을 시켜서 비행기나

선박을 이용해 한반도로 직접 침투해 들어간다는 것이었지. 특히 미군이 한반도에 상륙할 경우, 우리 광복군이 함께 들어가서 한국인들을 이끌고 본토 수복 작전에 앞장서겠다는 뜻을 미군에 전하기도 했어.

이를 위해 1945년 5월부터 중국 시안에서 이청천 장군이 지휘하는 광복군 요원들이 OSS 도너번 소장의 지도 아래 훈련에 들어갔어. 이때 선발된 광복군 요원은 50명으로, 상륙 작전을 독자적으로 수행할 만한 규모는 안 되었어. 하지만 한국 광복군이 직접 참전한다는 것이 중요했지. 당시 임시 정부는 일본군에 쫓겨 충칭으로 옮긴 상태였지만 김구는 시안으로 찾아가 광복군의 훈련을 지켜보았어. 그만큼 마음이 다급했던 거야.

그런데 훈련 도중 일본 본토에 원자 폭탄이 떨어졌다는 소식을 듣고, 곧이어 일본이 무조건 항복한다는 뉴스를 접했어. 순간 김구는 눈앞이 캄캄해졌어. 우리가 전쟁에 참가하기도 전에 일본이 항복함으로써 해방이 남의 손으로 이루어진 셈이 되었기 때문이지.

김구와 도너번 임시 정부의 주석 김구가 OSS 도노번 소장과 한·미 공동으로 국내 진입 작전을 펼 것을 합의한 뒤 회의장을 나오고 있다.

한국 광복군 대원들과 미국 OSS 대원들

개인 자격으로 귀국한 김구
1945년 11월, 김구는 미 군정의 요구에 따라 임시 정부 주석이 아닌 개인 자격으로 귀국했다. 귀국길에 상하이 비행장에 잠깐 들른 김구의 모습이다.

김구는 그때의 심정을 이렇게 말했어.

"하늘이 무너지고 땅이 꺼지는 일이었다. 여러 해 동안 애써서 참전을 준비한 것도 모두 허사로 돌아가고 말았다."

【 맨손에 빈털터리 신세 이승만 】

한편 그날 이승만은 어디서 무얼 하고 있었을까?

그 무렵 이승만이 대한민국 임시 정부에서 맡고 있던 직책은 주미 외교 위원부 위원장이었어. 말하자면 미국에서 임시 정부를 대표해 외교 활동을 벌이고 있었던 거야.

하지만 미국에서도 우리 독립운동의 상황은 중국에서와 크게 다르지 않았어. 여러 분파로 나뉘어 서로를 비난하며 대립하고 있었지. 이승만은 그러한 여러 파 가운데 하나를 이끄는 사람에 지나지 않았어. 더구나 임시 정부와도 사이가 좋지 않았어.

이승만은 일찍이 임시 정부의 초대 대통령으로 뽑혀 독립운동을 이끄는 지도자가 됐지만 그 뒤로 비난을 받는 처지가 되었어. 국제 연맹에 한국 통치를 위임하겠다는 편지를 보내는 등 자기 멋대로 행동해서 임시 정부 구성원들을 화나게 했거든.

결국 이승만은 1925년에 탄핵을 받아 임시 정부 대통령직에서 쫓겨났어. 이후 그는 미국을 본거지로 삼아 주로 미국과 유럽 국가들을 상대로 독자적인 외교 활동을 펼쳤는데, 그 과정에서 미국에서 활동하던 독립운동가들과도 사이가 벌어져 세력 다툼을 하게 된 거야.

임시 정부는 그래도 이승만이 미국 정부에 가장 큰 영향력을 행사할 수 있는 인물이라고 여겨 1941년에 주미 외교위원장이라는 중요한 직책을 맡겼어. 그가 맡은 임무는 국제 사회가 우리 임시 정부를 승인하게 하는 것, 임시 정부에 대한 군사적 지원을 얻어 내는 것 따위였어. 하지만 그 어느 하나도 제대로 이루어지지 않았지.

이런 가운데 1945년 4월 미국 샌프란시스코에 50개 국가의 대표들이 모였어. 1, 2차 세계 대전이 잇달아 발생한 국제 정세 속에서 국제 연맹이 제 구실을 다하지 못했다고 판단하고 새로운 국제기구를 만들기 위해서였지. 이 국제기구가 오늘날의 유엔(국제 연합)이야.

이승만은 이 회의에 대한민국 임시 정부도 참여하게 해 달라고 요청했어. 그러나 미국 등 회의를 주도한 국가들은 2차 세계 대전에 참전한 나라들만 자격이 있다며 허락해 주지 않았어. 이승만은 발을 동동 구르며 각국 외교관들을 접촉해 사정했지만 성과는 거두지 못했지.

그러던 중에 일본이 무조건 항복을 선언하고 말았어. 이승만은 급히 귀국을 서둘렀지만, 미국은 그를 임시 정부를 대표하는 자격이 아닌 단지 한 개인의 신분으로만 인정해 주었어. 그러니까 해방의 그날, 이승만도 독립운동을 대표하는 위치에 있지 못했던 거야.

이승만의 귀국 연설 1945년 10월, 개인 자격으로 귀국한 이승만이 연합군 환영회에서 귀국 연설을 하고 있다.

【 소련어 발목 잡힌 김일성 】

한편 김일성은 1920년대 중반부터 만주 일대에서 항일 유격전을 펼치고 있었어. 그러다가 1942년에 소련 땅 하바롭스크로 근거지를 옮겨야 했어. 일본이 태평양 전쟁을 일으키면서 군사력을 강화하는 바람에 그들과 맞서 싸우기에는 힘이 부쳤기 때문이야.

소련으로 넘어간 이들은 소련군의 지휘를 받는 '88 여단'이라는 부대로 편성되었어. 그러자 이들의 처지가 곤혹스러워졌어. 원래 만주에서 활동하던 독립군은 중국 공산당과 협력하고 있었어. 그런데 중국 공산당은 소련과 사이가 좋지 않았어. 소련이 같은 공산주의자인 중국 공산당보다는 공산당과 대결하고 있던 중국 국민당과 가깝게 지내고 있었기 때문이야. 소련은 일본을 이기기 위해서는 일본에 반대하는 모든 세력과 손을 잡아야 한다는 생각이었지. 하지만 중국 공산당은 그런 소련을 못마땅하게 여겼기 때문에 사이가 틀어져 있었어. 이런 판국에 한국 독립군이 중국에서 소련으로 넘어갔으니 처신하기가 조심스러웠던 거야.

하지만 김일성은 자기들 처지를 비관만 하고 있기엔 국제 정세가 심상치 않게 돌아가고 있다는 사실을 알고 있었어. 그래서 1945년 초, 다시 부대를 이끌고 만주로 돌아왔어. 그리고 소련이나 중국 공산당 어느 쪽에도 속하지 않는 독자적인 부대를 편성했는데, 이것이 조선 공작단이었어.

88 여단 일본의 토벌을 피해 러시아로 넘어간 항일 세력은 소련군 소속 88 여단에 편입되었다. 김일성과 함께 만주에서 항일 유격 활동을 하다가 88 여단을 거친 이들은 훗날 북한군의 핵심 세력이 된다. 앞줄 오른쪽에서 두 번째가 김일성이다.

일본이 패망할 분위기가 짙어지자 조선 공작단은 전쟁에 참가하여 만주에서 국내로 직접 진격해 들어갈 계획을 세웠어. 육지로 진격하면 더딜 것이라 보고 공중에서 낙하산으로 내륙 깊숙한 곳에 침투해 일본군과 교전을 벌일 계획도 세워 두었지.

그러나 김일성의 이러한 계획은 이루어지지 못했어. 중국 국민당이 중국 공산당과 가깝게 지내는 한국 독립군의 활동을 못마땅해했고, 이를 알고 있던 소련이 조선 공작단의 활동에 제동을 걸었기 때문이야. 그 무렵 김일성은 모스크바를 방문해 소련의 고위급 정치가 주다노프를 만나고, 극동군 사령관인 스티코프와 인연을 맺어 두는 등 소련과 친밀한 관계를 유지하고 있었어. 따라서 그가 소련의 뜻을 거스를 수는 없는 처지였지.

이렇게 어정쩡한 자세를 취하고 있다가 8·15 해방을 맞이한 김일성은 허탈했어. 진작 국내로 진격해 들어갔더라면 승전의 기쁨을 맛볼 수 있었을 텐데 말이야. 하지만 그렇다고 해도 김일성의 정치적인 위상은 김구나 이승만보다 훨씬 낮아서, 독립운동 전체를 대표할 인물은 아니었어. 따라서 김일성은 이제까지 해 온 일보다 앞으로 할 일이 더 중요하다고 생각했지. 그런 마음으로 9월 19일 원산항을 거쳐 귀국했어.

이처럼 일제로부터의 해방은 우리 민족이 원하던 방향과는 상관없이 어느 날 갑자기 찾아왔단다. 수많은 독립운동가들이 피와 땀을 흘리며 노력해 왔지만, 그것이 마지막에 의미 있는 결실을 맺지는 못했어. 채 준비되지 않은 상태에서 맞은 해방인 만큼 혼란은 피할 수 없었지.

김일성의 귀국 1945년 9월 19일에 귀국한 김일성이 10월 14일 평양에서 열린 환영 대회에서 연설을 하고 있다.

키워드 02

미·소 양국군 진주

속셈이 다른 두 점령군

일본이 항복하자 한국 사람들은 해방의 기쁨으로 가슴이 벅찼어. 그런데 불행하게도 그 해방의 기쁨은 아주 잠시만 허락되었고, 점차 어두운 그림자가 한반도를 뒤덮기 시작했어. 일제가 물러간 자리에 독립 국가가 아니라 미·소 두 나라의 군정이 들어섰지. 안타깝고 쓰라리지만 우리는 그 과정을 냉정하게 들여다보아야만 해.

【 미국이 원자 폭탄을 사용한 까닭 】

1945년 8월 6일, 미군은 일본 히로시마 시에 원자 폭탄을 떨어뜨렸어. 원자 폭탄이 폭발하는 순간, 눈을 뜰 수 없게 하는 섬광과 함께 섭씨 수백만 도의 열기와 강력한 폭풍이 휘몰아치고, 공중으로는 거대한 버섯구름이 피어올랐지. 폭탄이 떨어진 지점에서 반경 10킬로미터 안이 완전히 잿더미로 변하고, 약 7만 명이 그 자리에서 죽었어.

뒤이어 8월 9일 나가사키에 또다시 원자 폭탄이 떨어지자, 그 위력에 겁먹은 일본이 8월 15일 무조건 항복을 선언하면서 2차 세계 대전은 끝났어.

원자 폭탄에 폐허가 된 히로시마

어떻게 보면 원자 폭탄 때문에 전쟁이 빨리 끝났다고도 볼 수 있지.

그런데 미국이 원자 폭탄을 사용한 이유는 그렇게 간단하지 않았어. 1945년 8월 당시 일본군의 형편을 보면, 공군에는 쓸 만한 전투기나 폭격기가 거의 없었고 해군에도 전투에 투입할 만한 함정이 거의 없었어. 이에 견주어 미군의 공군력과 해군력은 일본 열도를 포위해 자유자재로 폭격할 만큼 일본을 압도하고 있었지. 객관적인 전력으로 보아 이미 전쟁은 해 보나 마나 한 상태였어. 그러니까 원자 폭탄의 사용은 손발이 다 잘린 상태나 다름없던 일본에 최후의 일격을 가한 셈이었지.

그렇다면 미국은 왜 그토록 잔인한 수단을 쓴 걸까? 그것은 당시의 국제 정세를 폭넓게 바라보아야 이해할 수 있어.

2차 세계 대전은 미국, 영국, 중국, 소련 등이 연합국을 이루어 독일, 이탈리아, 일본 등과 벌인 전쟁이었어. 그런데 이탈리아에 이어 독일마저 패망한 뒤 유럽의 정세가 미묘해졌어. 미국과 소련 사이의 협동 체제에 금이 가기 시작한 거야. 연합군이 점령한 독일에서 소련과 국경을 마주하고 있는 동부 독일과 동유럽에서는 친소련 사회주의 정권이 수립될 기미를 보이고

히로시마의 원폭 돔
일본은 원자 폭탄 투하 때 부서진 건물을 그대로 두어 원자 폭탄으로 인한 참상을 보여 주는 상징물로 보존하고 있다.

있었어. 결국 독일 자체가 미국 진영과 소련 진영, 곧 서독과 동독으로 분단될 조짐이 보였지. 전후 세계가 미국을 중심으로 하는 자본주의권과 소련을 주축으로 하는 사회주의권으로 양분되기 시작한 거야. 이 두 진영은 직접 전쟁을 벌이지는 않았지만, 계속 서로를 적대하며 살벌한 분위기를 만들었어. 이런 국제 정치 질서를 '냉전 체제'라고 부른단다.

사실 2차 세계 대전 초기만 해도 소련은 연합국에 들어 있지 않았어. 그래서 미국과 영국은 소련이 연합국 편에 서서 참전할 것을 끈질기게 설득했지. 소련이 참전하면 독일은 동서 양쪽에서 공격당하는 형세가 되고, 일본도 남북 양쪽에서 압박받는 신세가 될 터였기 때문이야.

하지만 소련은 계속 참전을 거부했어. 그런데 독일이 먼저 소련을 침공함으로써 상황이 바뀌자 소련도 마지못해 유럽 전선에 참여하기로 결정했지. 이때 영국의 처칠 수상과 미국의 루스벨트 대통령은 얄타 회담에서 소련의 지도자 스탈린에게 일본과의 전쟁에도 참여할 것을 다시 요구했어. 스탈린은 독일이 항복해 유럽에서 전쟁이 끝나면 그때부터 3개월 안에 일본과의 전쟁에 참가하겠다고 약속했어. 그리고 실제로 독일이 항복한 지 꼭 3개월 되는 날인 1945년 8월 9일, 소련의 시베리아군과 극동 함대는 일본과의 전쟁에 참가했단다.

그런데 이때 미국은 이전과 반대로 소련이 참전하는 것을 꺼려하고 있었어. 사회주의권인 소련과

얄타 회담의 주역들 1945년 2월, 흑해 연안의 얄타에서 미국·영국·소련의 통치자들이 만나 전후 처리 문제를 협의했다. 왼쪽부터 영국의 처칠 수상, 미국의 루스벨트 대통령, 소련의 스탈린 서기장이다.

독일의 엘베 강에서 만난 미군과 소련군 서쪽에서 진격한 미군과 동쪽에서 진격한 소련군이 엘베 강에서 만남으로써 독일은 패망했다. 맨 왼쪽 병사가 소련군이고 두 번째가 미군으로, 소련군과 미군이 한 명씩 번갈아 가며 섞여 있다.

의 사이에 새로운 형태의 전쟁인 '냉전'이 이미 시작되었기 때문에, 소련은 이제 우군이 아니라 적군이었던 거야.

　실제로 미국이 보기에 만약 소련이 시베리아에서 남하해 중국과 일본을 점령한다면 여기에서도 유럽과 비슷하게 친소련 사회주의 정권이 들어설 가능성이 컸어. 이를 막으려면 어떡하든 미군이 소련군보다 먼저 이들 지역을 접수해야 하는데, 미국 본토는 멀리 태평양 건너에 있어서 소련군의 진격 속도를 앞지르기에는 아무래도 무리가 있었지. 더구나 일본군은 전쟁에서 패할 기미가 짙어지자 소련군에 별다른 저항도 하지 않았어. 그런 만큼 소련군의 진격 속도는 매우 빨랐지.

　원자 폭탄은 미국의 이러한 난처한 처지를 단번에 해결해 줄 수 있는 비장의 무기였어. 그리하여 원자 폭탄 때문에 일본은 소련군이 일본 영토에 발을 들여놓기 전에 일찍 항복했는데, 이는 미국으로서는 천만다행한 일이었던 거지.

한편 미국은 원자 폭탄을 떨어뜨리는 동시에 한반도 전선에서 미군과 소련군의 역할을 두고 서둘러 협정을 맺었어. 곧 미군과 소련이 한반도로 진격해서 일본군을 무장 해제 시킬 경우, 북위 38도선을 경계로 하여 그 북쪽은 소련군이, 남쪽은 미군이 맡기로 한 거야. 소련의 점령 지역을 최소한 북위 38도선 이북으로 제한하겠다는 미국의 뜻이 반영된 협정이었지.

【 한반도에서 냉전의 두 축이 부딪치다 】

드디어 일본이 8월 15일 무조건 항복을 선언하자, 미군과 소련군은 약속대로 한반도 점령 작전에 들어갔어.

소련군이 먼저 발 빠르게 움직였어. 만주 지역에 주둔해 있던 군대를 한반도에 투입하기 시작했지. 육지로 오면 더디므로 군함을 타고 함경도 동해안에 상륙했어. 함경도를 거쳐 평안도까지 진출해 평양을 접수한 것이 8월 26일이야. 이때까지 미군은 아직 한반도에 들어오지 못하고 있었어.

북위 38도선 이북의 한반도, 즉 북한을 점령한 소련군 치스차코프 사령관은 북한 사람들을 향해 포고문을 발표했어.

"조선 인민들이여! 붉은 군대와 연합국 군대들은 조선에서 일본 약탈자들을 몰아냈다. 그러나 이것은 새 조선 역사의 첫 페이지가 될 뿐이다. 화려한 과수원은 사람의 땀과 노력의 결과이다. 이와 같이 조선의 행복도 조선 인민

원산에 들어오는 소련군 1945년 8월, 미군에 앞서 한반도에 진주한 소련군을 주민들이 환영하고 있다.

이 영웅적으로 투쟁하며 꾸준히 노력해야만 달성할 수 있다."

표현은 그럴듯하지만 사실 이 포고문에는 소련의 속셈이 담겨 있어. 말하자면 소련이 점령한 지역에서는 미국식 자본주의가 아니라 소련식 사회주의 체제가 건설되어야 한다는 거지. 이런 의도에서 소련은 북한 사람들이 각 도별로 인민 위원회를 만들도록 도와주고, 그 인민 위원회가 주체가 되어 사회주의 정부를 세울 수 있도록 지원했어.

한편 38선 이남에서는 미군이 오기를 이제나저제나 하고 기다렸지만 미군은 좀처럼 모습을 드러내지 않았어. 일본이 항복을 선언한 것은 8월 15일이지만, 미군과 일본 정부가 만나 항복 문서에 도장을 찍은 것은 9월 2일이었어. 그 뒤로 미군은 일본 본토를 접수하는 일이 급선무여서 한반도에 신경 쓸 겨를이 없었지.

미군은 9월 8일이 되어서야 함대를 이끌고 인천항에 들어왔어. 그런데 이때 한반도의 어두운 앞날을 예고하는 듯한 사건이 일어났어. 미군이 들어오기를 손꼽아 기다리던 한국 사람들이 그들을 환영하러 인천항으로 몰려갔는데, 질서를 어지럽힌다는 이유로 미군이 한국 사람들에게 총격을 가한 거야. 그 자리에서 2명이 죽었지. 비록 미군의 오해에서 비롯된 사건일 수 있지만, 미군의 이러한 태도는 소련이 북한에 진주해서 발표한 포고문의 분위기와는 영 딴

서울로 들어오는 미군 1945년 9월 8일 인천에 상륙한 미군은 그 이튿날 서울에 들어왔다. 이미 소련이 평양에 진주한 뒤였으므로, 이후 한반도는 평양의 소련군과 서울의 미군이 서로 대치하는 형세가 되었다.

해방에서 분단으로

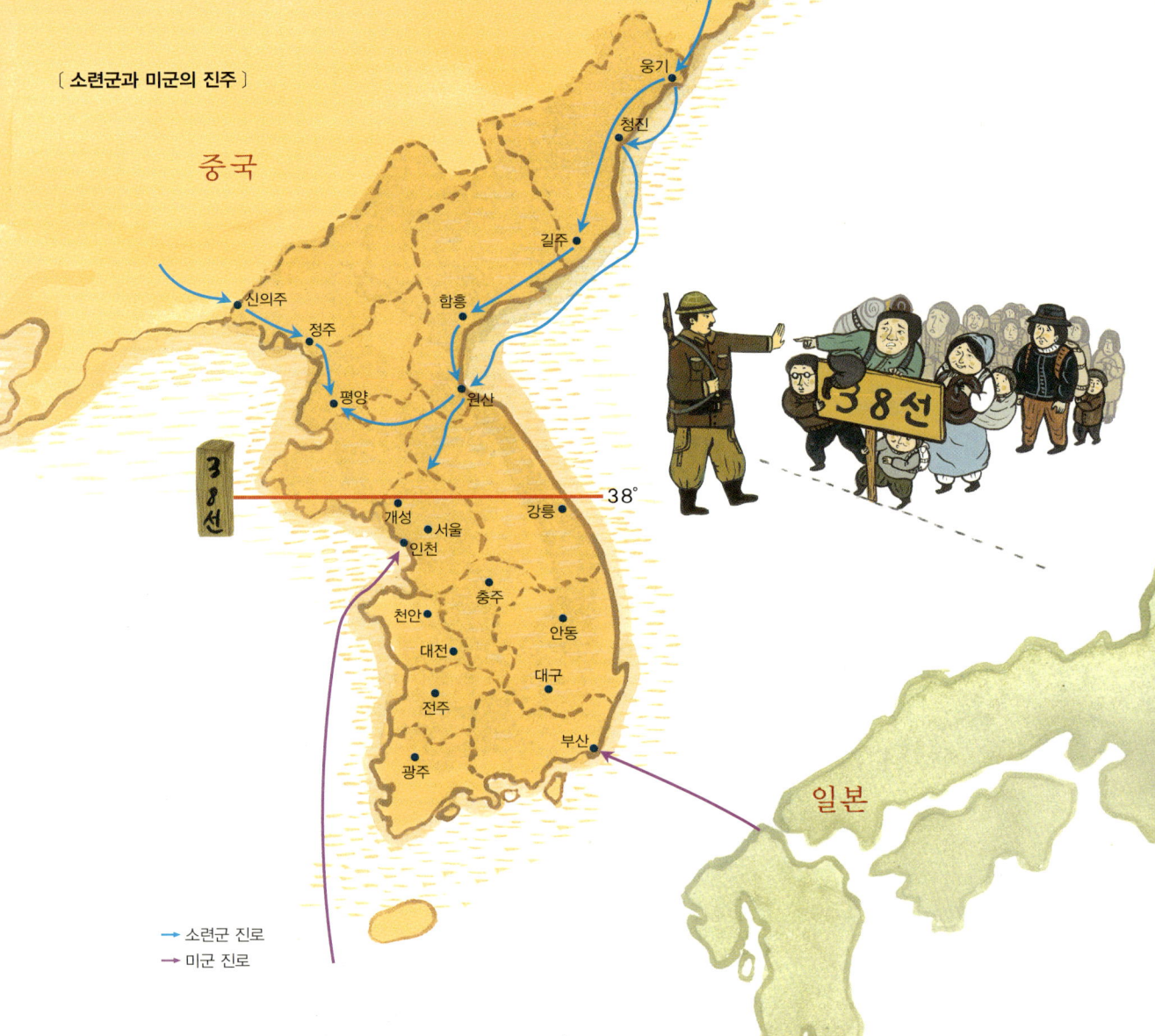

[소련군과 미군의 진주]

판이었지. 실제로 인천에 상륙하면서 하지 사령관이 발표한 성명은 소련이 발표한 포고문과는 분위기가 확실히 달랐어.

"미군은 법률과 질서를 유지하고 조선의 경제 상태를 앙양시키며, 인민의 생명과 재산을 보호하며, 기타 국제법에 따라 점령군에게 주어진 의무를 이행할 것이니 점령 지역에 있는 여러분도 의무를 준수하라. (……) 여러분은 평화를 유지하며 정직하게 행동하라. 이를 지키는 이상 우리를 무서워할 필요는 없다. 하지만 명령을 따르지 않거나 혼란을 일으킨다면, 나는 즉

일장기 대신 성조기가 걸린 조선 총독부 청사 서울에 진주한 미군은 조선 총독부 청사에 걸린 일장기를 내리고 미국 국기인 성조기를 달았다. 이때부터 한국은 1948년 대한민국 정부가 수립될 때까지 3년 동안 미군의 통치를 받았다. 미국은 조선 총독부 청사를 미 군정청으로 사용했다.

시 적당하다고 생각하는 수단을 취할 것이다."

　미군이 이런 태도를 취한 이유는 한국을 잘 알지 못했기 때문이야. 미군은 단지 일본이 점령하고 있던 지역을 접수한다는 군사 작전만 염두에 두고 있었어. 미국 정부라고 별다르지 않았지. 미국은 한국 사람들은 스스로 나라를 운영할 능력이 없다고 생각했어. 그래서 일찍이 얄타 회담에서는 일본이 항복한 뒤 한국은 연합국들이 돌아가며 신탁 통치를 해야 한다고 주장하기도 했지.

　미국의 이 같은 태도는 한반도에 사회주의 정부를 세우겠다는 명확한 목표가 있는 소련과는 아주 다른 것이었어. 이러한 차이가 결국 대립과 갈등으로 이어졌단다.

키워드 03 | 조선 건국 준비 위원회

좌우 모두에게 배척당한 여운형

우리나라가 일제에서 해방되던 순간, 나라 밖에서 독립운동을 하던 이들은 아직 준비가 되어 있지 않았다고 했지? 게다가 국내에 진입한 소련군과 미군은 서로 생각이 달랐어. 그러니 혼란이 발생하는 건 당연했지. 하지만 그런 와중에도 상황을 추스르기 위해 노력한 이들이 있었단다. 1945년 8월 15일 당시 국내에서 광복을 준비하고 있던 독립운동가는 여운형이었어.

【 당당한 사회주의자 여운형 】

여운형은 부잣집에서 태어났어. 아버지가 돌아가시고 큰 재산을 물려받은 여운형은 아버지의 장례식이 끝나자 가족을 비롯해 집안 머슴과 종까지 불러 놓고 채권 문서와 노비 문서를 모두 불태워 버렸어. 그리고 머슴과 종들에게 "너희들은 이제부터 나의 형제요 자매들이다."라고 말하며 신분의 족쇄를 풀어 주었어. 1894년 갑오개혁으로 노비 제도는 공식적으로 폐지되었지만, 지방에는 아직도 그대로 남아 있는 경우가 많았거든.

이후 여운형은 사회주의자가 되었지만 다른 사회주의자들이 비밀리에 공장으로 파고들어 조직 활동에 전념한 것과 달리 떳떳하게 나서서 공개적으로 활동했어. 3·1 운동 이후에는 상하이 임시 정부에 참여했고, 그 뒤 소련으로 가서 공산당 지도자 레닌을 만나 독립운동을 지원해 달라고 요청하기도 했지.

여운형은 일본 지도자들과도 거리낌 없이 접촉했어. 도쿄로 가서 일본 총리를 만나 당당하게 조선의 독립을 요구하기도 했지. 일제는 그를 감옥에

운동을 좋아한 여운형 만능 운동선수였던 여운형은 조선 체육회 회장을 맡아 영국 축구단을 초청하는 등 체육 활동에도 앞장섰다.

일장기 말소 사건 1936년에 열린 베를린 올림픽 마라톤 경기에서 한국의 손기정 선수가 우승을 차지했다. 그런데 이 소식을 보도하면서 여운형이 사장으로 있던 조선중앙일보는 사진에서 손기정의 가슴에 새겨져 있던 일장기를 지웠다. 며칠 뒤 동아일보도 일장기를 지운 채 보도했다. 이것이 큰 사건이 되어 조선중앙일보와 동아일보는 신문 발행을 정지당했고, 조선중앙일보는 결국 문을 닫고 말았다.

가두는 등 탄압했지만, 한편으로는 대화가 통하는 사람으로 인정했어.

　1930년대 이후에는 국내에 들어와 조선중앙일보 사장, 조선 체육회 회장 등을 지내며 공개적으로 독립운동을 했어. 1936년 베를린 올림픽 때 손기정 선수가 마라톤에서 우승하자, 그 사실을 보도하면서 손기정의 가슴에 붙어 있던 일장기를 지워 버린 것도 여운형이 사장으로 있던 조선중앙일보에서 한 일이야.

　이렇게 여운형은 민족주의자들은 변절해 일제의 품에 안기고, 사회주의자들은 지하로 숨어들어 비밀스럽게 활동하고 있을 때 유독 공개적으로 나서서 독립운동을 한 특이한 인물이었어.

1944년으로 접어들자 해방의 순간이 다가오고 있다는 것을 직감한 여운형은 준비가 필요하다고 생각했지. 그래서 비밀스럽게 동지들을 불러 모아 해방에 대비한 조직인 '조선 건국 동맹'을 결성했어.

【 건국을 준비하다 】

1945년 8월 해방 직전 무렵, 조선 총독부 정무총감 엔도가 여운형을 찾아왔어. 엔도는 솔직하게 일제가 곧 항복할 거라는 사실을 알려 주고는 대표적인 민족 지도자 가운데 한 사람인 여운형이 치안을 맡아 혼란을 수습해 줄 것을 요청했어. 일본인들이 한국 사람들에게 봉변을 당하지 않고 일본으로 별 탈 없이 돌아갈 수 있게 해 달라는 부탁이었지.

이 말을 들은 여운형의 가슴은 뜨거운 감회로 타올랐어. 몇십 년 동안 핍박을 받으며 지내 온 시절이 드디어 그 끝을 보이고 있었으니까. 하지만 여운형은 냉정을 되찾고 엔도에게 자신의 요구를 제시했어. 그것은 감옥에 있는 정치범과 경제범을 모두 석방할 것, 수도 서울에 3개월 치 식량을 확보해 줄 것, 치안 유지와 건국을 위한 한국인의 정치 활동에 간섭하지 말 것 등이었어.

조선 건국 준비 위원회 1945년 8월 15일, 엔도 정무총감을 만난 여운형은 그날 밤 바로 조선 건국 준비 위원회를 발족하고 위원장을 맡았다. 여운형이 조선 건국 준비 위원회 회의를 이끌고 있다.

마침내 8월 15일 일제

여운형의 군중 연설 해방 다음 날 여운형은 휘문 중학교 운동장에서 열린 군중 집회에서 엔도 정무총감과 전날 있었던 협상 내용을 알리고, 새 나라를 합리적이고 이상적인 낙원으로 건설하자고 열변을 토해 군중에게 열렬한 환호를 받았다.

가 항복을 선언하고 해방이 되자, 여운형은 그동안 준비해 온 조선 건국 동맹을 곧바로 '조선 건국 준비 위원회(약칭 건준)'로 바꾸었어. 그 무렵 국내에는 여운형을 대신할 만한 독립운동가가 없었기 때문에 민족주의 계열과 사회주의 세력이 모두 이 조직 안으로 들어와 함께 일했지. 건준은 지방마다 건국 치안대와 식량 대책 위원회를 조직해 국민들의 치안과 생활을 안정시켜 나갔어.

예정대로라면 건준의 활동이 건국으로 이어져 완전한 독립 국가를 세우게 되어 있었지. 그렇지만 나라의 앞날은 결코 순탄하지 않았어.

무엇보다 한반도를 접수한 미국과 소련 중 어느 나라도 여운형이 주도하는 조선 건국 준비 위원회를 인정하지 않았어. 미국은 여운형이 사회주의자라는 사실이 마음에 걸렸어. 또 미국은 한국 사람들이 아직 나라를 세울 능

박헌영(왼쪽)과 여운형(오른쪽)

력이 모자라기 때문에 미국을 비롯한 연합국들이 5년쯤 신탁 통치를 한 다음에 점진적으로 독립시켜야겠다고 생각했어.

한편 소련은 여운형이 사회주의자이긴 하지만 과연 소련에 충실한 자인지 의심이 들었어. 그래서 사회주의 이념에 더 충실한 박헌영 같은 이들의 활동을 지원해 주었지.

우리 독립운동가들도 여운형에게 힘을 보태지 않았어. 미국에서 귀국한 이승만과 중국에서 귀국한 김구 등은 각기 자기들을 중심으로 정부를 세워야 한다고 주장했지. 그러자 건준에 참여하고 있던 민족주의자들은 이승만과 김구 진영으로 뿔뿔이 흩어져 나갔어. 상황이 이렇게 되자 건준은 껍데기뿐인 조직이 되고 말았어.

이런 가운데 박헌영을 비롯한 사회주의자들은 미군과 협의하지 않은 채 조선 인민 공화국 수립을 선포했어. 이것은 너무 섣부른 조치였지. 결국 미군이 이 정부를 인정하지 않음으로써 일은 더욱 꼬여 버렸어.

여운형은 이러한 어려움 속에서도 꿋꿋하게 새 정부를 세우려고 노력했어. 김구, 이승만 등 민족주의자들과 박헌영, 김일성 등 사회주의자들 사이에서 중립을 유지하며 사람들을 하나로 모으기 위해 혼신의 힘을 바쳤지.

【 좌우에서 따돌림을 당하다 】

그러나 여운형의 노력은 결실을 거두지 못했어. 오히려 사회주의와 민족주의 진영 모두 그를 비판했고, 심지어 암살하려는 시도도 여러 차례 있었어.

마침내 1947년 7월 19일, 여운형이 탄 차가 서울 혜화동 네거리를 지날 때 갑자기 트럭 한 대가 달려 나와 가로막았어. 그와 동시에 한 사내가 차 위로 뛰어올라 두 발의 총알을 발사했어. 총탄은 여운형의 심장과 복부를 관통해 목숨을 앗아 갔어. 범인은 극우파 테러 단체 '백의사'에 소속된 한지근이라는 청년으로 밝혀졌어.

여운형의 장례식이 치러질 때는 서울 시내 전체가 애도의 분위기에 잠겼다고 해. 살아 있을 때는 비록 정치적으로 불운했지만 세상을 떠난 뒤에는 평범한 사람들의 가슴속에 올곧은 독립운동가로 새겨져 있었던 거야.

여운형이 세상을 떠나자 해방 정국은 더욱더 격심한 소용돌이 속으로 휘말려 들어갔단다.

여운형의 장례식 1947년 8월 3일, 많은 시민들이 슬퍼하는 가운데 여운형의 장례식이 치러졌다.

키워드 04 | 신탁 통치

언론의 오보에서 비롯된 신탁 통치 소동

1945년 12월 27일, 온 나라가 발칵 뒤집혔어. 동아일보 1면에 난 기사 때문이었어. 소련의 수도 모스크바에서 미국, 영국, 소련 3국의 외무 장관이 모여 한반도 처리 문제를 놓고 회담을 했는데, 여기서 '소련은 신탁 통치 주장, 미국은 즉시 독립 주장'을 했다는 내용이었어. 우리 민족의 완전한 독립을 고대하던 국민들에게 그야말로 날벼락 같은 소식이었지.

【 신탁 통치라는 날벼락 】

기사의 내용은 이런 것이었어. 12월 16일부터 미국의 번스, 소련의 몰로토프, 영국의 베빈 등 세 외무 장관이 소련의 모스크바에 모여 회의를 열었어. 2차 세계 대전이 끝난 뒤 연합군이 점령한 지역을 어떻게 처리할지 논의하는 자리였어. 한반도 문제도 당연히 논의거리에 포함되어 있었지.

한반도 문제에 대해 소련은 한반도를 연합국이 일정 기간 동안 통치하는 이른바 신탁 통치를 주장했고, 미국은 이에 반대하면서 즉시 독립시켜 줘야 한다고 주장했다는 것이 기사 내용이었어. 신탁 통치란, 독립한 나라가 스스로 제 나라를 다스릴 능력이 없

신탁 통치 오보 기사
1945년 12월 27일 자 동아일보 1면에 실린 기사이다. 기사에는 '소련은 신탁 통치 주장, 미국은 즉시 독립 주장'이라고 되어 있지만, 이는 사실과 다른 오보였다.

을 때 국제 연합의 위임을 받은 나라가 대신 통치하는 것을 말해. 이 기사가 알려지자 그러잖아도 민족주의와 사회주의 진영으로 나뉘어 혼란을 거듭하고 있던 해방 정국은 벌집을 쑤신 듯 난리가 벌어졌지.

먼저 김구와 이승만 등 민족주의 진영의 지도자들이 신탁 통치를 반대한다는 견해를 밝혔어. 박헌영과 여운형 등 사회주의 진영도 신탁 통치 반대에는 뜻을 같이했지. 대다수 국민들도 같은 뜻이었어. 어느 누구도 해방된 조국을 다시 남의 손에 맡기기를 바라지 않았지. 12월 말 서울 운동장(지금의 동대문 역사 문화 공원)에서 열린 신탁 통치 반대 군중 집회에는 어찌나 많은 사람들이 몰려들었는지 운동장 밖에까지 넘쳐났다고 해.

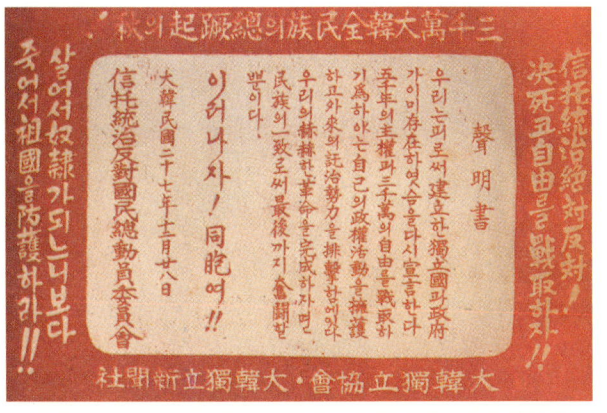

신탁 통치 반대 전단
민족주의 진영이 주도하는 여러 단체는 신탁 통치를 반대한다는 내용의 전단을 만들어 뿌리고 집회를 여는 등 반탁 운동을 크게 벌였다.

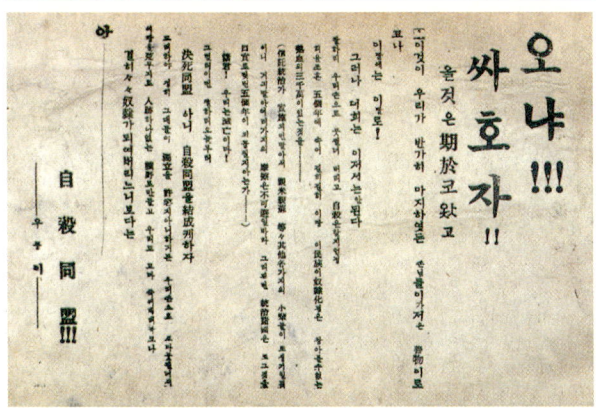

신탁 통치는 우리 민족에게 날벼락 같은 소식이었어. 일제의 압박에서 해방된 그 순간 우리 스스로 나라를 세울 능력이 없다고 생각한 이는 한 명도 없었을 거야. 당연히 이제 우리가 주인이 되어 새 나라를 세울 기대에 부풀어 있었지. 그런데 사회주의 국가인 소련이 신탁 통치를 주장했다니, 그것은 소련이 한반도를 차지하겠다는 욕심을 드러낸 것으로밖에 보이지 않았지. 그래서 모두 소련을 규탄하고 나섰어.

【 사상 최대의 오보 】

그런데 동아일보를 비롯한 국내 신문들의 신탁 통치 보도는 완전한 오보였어. 사실과 전혀 다른 내용을 보도한 거야. 모스크바에서 열린 회담의 실제 내용은 이랬어.

신문 보도와는 반대로 신탁 통치를 주장한 쪽은 미국이었어. 미국은 미국·영국·중국·소련 4개국이 앞으로 5년 동안 한국을 신탁 통치하자고 했어. 5년 뒤에 사정을 보고 한 번 더 연기해서 10년으로 할 수 있게 하자고도 했지. 이에 대해 소련은 한국인들로 하여금 스스로 임시 정부를 세우게 하는 것이 먼저라고 주장했어. 그리고 4개국 신탁 통치는 그 임시 정부에 도움을 주는 후견인 역할에 한정하자고 제안했어. 후견 기간도 5년으로 제한하자고 했단다.

이렇게 실상은 언론 보도와는 정반대였어. 오히려 소련이 더 한국인의 처지에서 발언했던 거지. 결국 회담에서는 소련의 주장을 많이 받아들인 결정문을 채택했는데, 주요 내용은 다음과 같았어.

1. 한반도에 민주적인 임시 정부를 수립한다.
2. 남북한에 진주한 미국과 소련 사령부는 미·소 공동 위원회를 구성하여 한국인의 임시 정부 수립을 지원한다.
3. 미국·영국·소련·중국 4개국이 최고 5년 기한으로 신탁 통치를 실시하되, 그 방안에 대해서는 미·소 공동 위원회가 한국의 임시 정부와 협의한다.

이 결정문에 따르면 미국과 소련은 먼저 미·소 공동 위원회를 만들어 한국인의 임시 정부 수립을 지원하기로 한 거야. 아울러 공동 위원회는 미국과 소련 사이에 명확한 합의를 보지 못한 신탁 통치 문제를 계속 협의하기로 했어. 곧 임시 정부 수립은 확실하게 결정한 반면, 신탁 통치에 대해서는 명확한 결정을 내리지 않은 거지.

사정이 이러한데도 동아일보를 비롯한 국내 언론 매체들은 터무니없는 오보를 실어 국민 여론이 잘못된 방향으로 흐르게 했어. 처음 기사를 작성한 기자가 실수한 것인지, 아니면 어떤 의도가 있어서 사실을 왜곡했는지는 밝혀지지 않았어. 어쨌거나 첫 보도 이후 대부분의 언론은 사실을 확인조차 하지 않은 채 흥분해서 소련을 비난했단다.

며칠 지나지 않아 모스크바 3상 회의의 결정문이 제대로 알려지자 많은 이

모스크바 3상 회의 결정 지지 모스크바 3상 회의의 결정 내용을 제대로 알게 된 사회주의 진영은 3상 회의의 결정을 지지한다고 발표하고, 지지 집회를 열어 반탁 집회에 맞섰다. 민족주의 진영은 이들을 찬탁 세력이라고 몰아붙였지만, 그들은 '찬탁'이 아니라 '3상 회의 결정 지지'를 주장한 것이다.

들이 실상을 알게 되었어. 진실을 알게 된 사회주의 진영의 박헌영, 여운형 등은 모스크바 3상 회의의 결정문이 우리 민족의 앞날에 아무 장애도 되지 않는다는 것을 깨달았어. 그래서 이 결정문을 지지한다는 성명을 발표했지.

여기에서 우리는 오늘날까지도 잘못 알려져 있는 사실을 바로잡아야 해. 일부 역사 기록은 당시의 정국을 설명하면서 김구, 이승만 등 민족 진영은 신탁 통치를 반대했고 박헌영, 여운형 등 사회주의 진영은 신탁 통치를 찬성했다고 말하고 있어.

하지만 신탁 통치를 반대하는 이는 있었어도 찬성하는 정신 나간 세력은 없었어. 그때 정국은 반탁과 찬탁으로 갈라져 있던 것이 아니라, 반탁과 3상 회의 결정 지지로 갈라져 있었던 거야. 사회주의 진영이 3상 회의의 결정을 지지한 이유는 소련의 주장이 크게 반영되었기 때문이었지.

【 공허한 반탁 운동 】

이상한 쪽은 오히려 반탁 진영이었어. 사실 신탁 통치를 주장한 나라는 미국이었어. 일찍이 1943년 카이로 회담 때부터 미국은 전후 문제를 처리하는 방식으로 신탁 통치를 공공연히 주장해 왔거든. 그런데 그동안 민족주의 진영은 대부분 미국의 힘에 기대고 있었어. 그런 현실에서 미국의 주장에 반대하는 것이야말로 이상한 일이었지.

그러나 여론은 반탁 진영 편이었어. 신탁 통치에 반대한다는 선명한 주장이 그들을 대단한 애국자로 보이게 만들었기 때문이야. 이러한 상황을 더욱 꼬이게 한 건 미국의 태도였어. 반탁 진영은 미국의 속뜻과 반대되는 주장을 펴는 거지만, 그들이 자기편이라는 사실 때문에 미국은 아무 말 없이 눈감고 있었던 거지.

결국 정국은 민족주의 진영과 사회주의 진영, 더 정확하게는 미국 진영과 소련 진영으로 갈려 싸우는 형세가 되어 버렸어. 겉으로는 반탁이니 3상 회의 결정 지지니 하며 명분을 내세웠지만, 속마음은 자기 세력이 패권을 잡겠다는 욕심으로 가득 차 있었던 거야.

모스크바 3상 회의의 결정을 둘러싼 오보 소동을 겪고 난 뒤 해방 정국은 더욱더 좌우의 극한 대립으로 치달았어. 오보라는 사실이 밝혀졌는데도 이미 시작된 대립은 수그러들 줄 몰랐지.

키워드 05

대한민국의 건국

마침내 갈라진 조국

우리는 누구이며 어디에 살고 있지? 대한민국 국민으로서 대한민국에 살고 있어. 이 대한민국이라는 나라가 탄생한 때가 1948년이야. 1945년 해방 이후 곧바로 나라를 세우지 못하고 우왕좌왕하다가 간신히 세운 나라지. 그것도 완전한 나라가 아니라 반쪽짜리 나라였어. 그런 뜻에서 우리나라 대한민국의 건국은 아직도 완성되지 않은 현재 진행형이라고 볼 수 있단다.

【토론으로 날을 지새운 미·소 공동 위원회】

모스크바 3상 회의의 결정에 따라 1946년 서울에서 미·소 공동 위원회가 열렸어. 회의 목적은 우리 민족이 독립 정부를 세우도록 도와주자는 것이었지. 신탁 통치 문제도 토의 대상이었지만 다루어야 할 의제 가운데 우선순위에 들어 있지는 않았어. 그런데 이때 한국은 온통 신탁 통치 반대 열기로 뜨겁게 달아올라 있었지. 처음에는 사회주의 진영도 반탁 운동에 참여했지만 시간이 지나면서 3상 회의의 결정을 지지한다는 입장으로 바꾸었어. 반

미·소 공동 위원회가 열린 덕수궁 석조전

탁 진영에서는 이러한 사회주의 진영에 대해 사실상 찬탁이라며 반역자로 몰아붙였지. 그리하여 정국은 신탁 통치 문제를 두고 민족주의 진영과 사회주의 진영이 맞서는 상황이 되어 버렸어. 그리고 민족주의 진영은 미국을, 사회주의 진영은 소련을 후원자로 삼음으로써 강대국 사이의 대리전 양상을 띠었지.

미·소 공동 위원회 모스크바 3상 회의의 결정에 따라 미·소 공동 위원회가 열렸지만, 1차 협상은 결렬되었다.

정국이 이렇게 돌아가자 미·소 공동 위원회 또한 미국과 소련이 각각 자기 나라의 주장을 펴는 대결의 장이 되고 말았어. 독립 정부를 세우려면 먼저 각 정당과 사회 단체가 참여해 나라의 기틀에 대해 의논하고 합의를 이끌어 내야 하는데, 그들의 참가 자격에 대해서부터 의견 충돌이 일어난 거야.

먼저 소련 대표 스티코프 중장은 모스크바 3상 회의의 결정을 받아들이는 단체만 참가할 수 있다고 주장했어. 이에 대해 미국 대표 아널드 소장은 한국인 중에는 모스크바 3상 회의의 결정이 곧 신탁 통치로 연결되는 것이라고 생각해 반대하는 사람이 많은 것이 사실이기 때문에, 단순히 3상 회의 결정을 반대한다는 이유로 그들을 참여시키지 않는 것은 옳지 않다고 주장했어.

격렬한 논쟁을 벌인 끝에 두 대표는 마침내 소련 쪽 주장을 크게 반영한 합의문을 작성하기에 이르렀어. 핵심 내용은 일단 모스크바 3상 회의의 결정에 찬성한다고 서명하는 단체에 한해 참여를 허락한다는 것이었지.

그래도 문제는 풀리지 않았어. 서명하는 것이 신탁 통치를 받아들이겠다는 것까지 포함하느냐를 두고 서로 다른 해석을 내놓았기 때문이야. 결국 논쟁은 다시 제자리로 돌아갔지. 미·소 공동 위원회는 이렇게 서로 자기 주장만 내세우다가 무기한 휴회를 하고 말았어.

그런데 이런 사태를 누구보다 냉정하게 지켜본 사람이 있었어. 바로 이승만이야. 이승만은 일제 강점기 대부분을 미국에서 보냈기 때문에 미국의 의도를 누구보다 잘 파악하고 있었어. 그가 보기에 미국과 소련의 힘겨루기는 쉽게 결판나지 않을 게 분명했어. 어느 쪽도 양보할 마음이 없다면 결국 미국과 소련 두 나라가 한국을 반쪽씩 나누어 차지하는 것으로 결판이 나리라고 생각했지.

이런 생각 끝에 이승만은 미국 편에 서서 남쪽에 단독 정부를 세우는 일에 가담해야겠다고 결심했어. 이승만은 1946년 6월 3일 전라북도 정읍을 방문한 자리에서 그런 생각을 공개적으로 밝혔어.

"미·소 공동 위원회가 무기한으로 휴회되어서 언제 다시 열릴지 기약이 없습니다. 우리 모두 남북이 하나 된 정부를 세우기를 바라지만 여의치 않습니다. 그래서 우리는 남쪽만이라도 임시 정부를 세운 뒤에 38선 이북에서 소련이 철수하도록 세계 공론에 호소해야 한다고 생각합니다. 내 뜻이 이러하니 여러분도 따라 주기 바랍니다."

이 말은 우리 민족 모든 구성원에게 충격을 안겨 주었어. 일제에서 해방되었을 때 나라가 반으로 쪼개질 거라고 생각한 사람은 아무도 없었거든.

하지만 이승만은 이것이 국제 정치의 현실이라는 점을 알고 있었어. 그것은 당시 독일에서 벌어지고 있는 상황에서도 드러났어. 연합국인 미국, 영국, 프랑스, 소련이 독일로 진군해서 각자 일정한 지역을 점령했는데, 차츰 소련 점령지와 나머지 점령지 사이에 긴장이 높아지고 있었어. 소련은 독일에 자기 나라 같은 사회주의 정부가 들어서기를 원했지. 그러자 미국은 독일을 소련에 넘겨줄 수 없다며 마셜 플랜이라는 정책을 만들어 독일에 경제 원조를 해 주기 시작했어. 그것을 계기로 친미 정부가 들어서기를 바랐던 거야. 결국 독일의 동쪽에는 소련식 사회주의 정부가, 서쪽에는 미국식 자본주의 정부가 들어서는 방향으로 정세가 흘렀어. 이러한 상황을 알고 있던 이승만은 한반도에서도 똑같은 상황이 벌어지리라고 내다보았어. 그래서 38선 이남에 단독 정부를 세우는 데 앞장선 거란다.

【 남북 분단으로 치닫다 】

이처럼 상황이 최악으로 치닫자 국내의 각 정치 세력은 위기감을 느꼈지. 그래서 사회주의 좌파 진영, 민족주의 우파 진영, 중도 진영 모두 어떻게든 서로 합의해서 통일된 하나의 정부를 세우기 위해 노력했어.

미국과 소련도 그런 노력에 동참했어. 그래서 1947년에 열린 2차 미·소 공동 위원회에서 다시금 합의를 이루었지. 소련은 이전에 모스크바 3상 회의의 결정에 반대한 단체라도 일단 합의문에 서명만 하면 참여를 허락한다며 물러섰고, 미국이 이를 받아들인 거야.

좌우 합작 위원회 사회주의 좌파 진영, 민족주의 우파 진영, 중도 진영 모두 통일된 하나의 정부를 세우기 위해 좌우 합작 운동을 벌였지만, 아무 성과도 거두지 못한 채 해산되었다.

미·소 공동 위원회는 이 합의문을 토대로 참가 단체를 접수했어. 그런데 이 과정에서 또 웃지 못할 일이 벌어지고 말았어. 접수를 마감하고 보니 북한에서는 36개 단체가 신청했는데 가입자 수가 거의 1,300만 명에 달했고, 남한에서는 425개 단체가 신청했는데 가입자 수가 무려 5,200만 명에 달했어. 당시 남북한 총인구가 2,000만 명 남짓이었는데, 총 가입자 수가 6,500만 명이나 됐으니 실제보다 3배 넘게 부풀려졌던 거야. 소련과 미국은 단체와 회원 수를 실제에 맞게 조정하려고 했어. 그런데 서로 자기 쪽에 유리하게 조정하려 했기 때문에 결론이 나지 않았지.

그런 가운데 남한의 사회주의 계열 단체들은 미 군정을 상대로 항의 시위를 벌여 나갔어. 미 군정은 그들이 폭력으로 권력을 장악하려 한다며 탄압했지. 이렇게 사회 분위기가 어수선해지면서 2차 미·소 공동 위원회는 아무 해결책도 내놓지 못하고 지지부진한 상태가 되고 말았어.

그러자 미국은 한국 문제를 유엔에 상정해서 해결하자는 새로운 제안을 내놓았어. 유엔의 감시 아래 남북한에서 총선거를 실시하자는 방안이었지. 총선거에서 선출할 국민 대표 수는 각 지역별로 인구 비례에 따라 정하자고 했어. 유엔은 세계 각 나라가 모인 기구이지만, 실질적으로 유엔을 이끄는 나라는 미국이었기 때문에 미국의 제안이 통과될 건 뻔한 일이었지.

이에 소련은 반대하고 나섰어. 미국이 이끄는 유엔의 감시 아래 선거를 치르면 미국 편에 선 인사들이 많이 선출될 테고, 그것은 소련이 바라던 사회주의 정부 수립과는 멀어지는 일이었거든. 그래서 소련은 남북한에서 미군과 소련군이 동시에 철수하고 한국인들이 자율적으로 독립 정부를 세우게 하자고 제안했어. 그때 북한은 이미 사회주의 진영이 장악하고 있었고, 남한에서도 최소한 절반 정도는 사회주의 계열이 당선될 것이므로 전국적으로 보면 사회주의 정부가 될 것이 확실했기 때문이야.

【 민족의 앞날에 드리운 먹구름 】

그런데 그 무렵 국제 사회에서는 미국의 국력이 소련을 압도하고 있었어. 따라서 한국 문제를 유엔에 상정하려는 미국을 막기에는 소련의 힘이 부족했지. 결국 유엔에서는 중립적인 9개 나라로 유엔 한국 임시 위원단을 구성하고, 이들의 감시 아래 전국 300개 선거구에서 300명의 국민 대표를 뽑는 총선거를 실시하기로 결정했어. 300개 선거구 가운데 100개는 북한에, 200개는 남한에 배정되었지.

소련은 이러한 결정에 강력하게 반발했어. 그래서 1948년 유엔 한국 임시 위원단이 들어와 북한 지역으로 가려고 하자 38선에서 막았어. 38선 이북은 소련군이 점령한 상태였기 때문에 유엔도 어쩔 수 없었지. 결국 유엔은 소총회를 열어서 선거가 가능한 38선 이남에서 먼저 총선거를 실시하기로 했어.

이것은 민족이 둘로 갈라지는 최악의 사태였어. 그래서 김구를 비롯한 많은 독립운동가들이 반대했지. 특히 김구는 "38선을 베고 누워 죽더라도, 허리가 잘리는 민족의 비극은 막아야 한다."며 호소했어. 김구는 남북한이 대결을 풀고 서로 협력해 통일 정부를 세워야 한다며 직접 북한을 방문했어. 북한 지도자 김일성을 만나 반드시 분단을 막고 통일 정부를 세우자고 설득했지.

38선을 넘는 김구 1948년 4월 19일, 김구 일행이 통일 정부 수립을 위해 북한이 제의한 남북 지도자 회의에 참가하려고 38선을 넘고 있다.

분단으로 가는 반쪽 선거를 찬성하는 세력은 이승만이 이끄는 소수 세력뿐이었어. 하지만 그들은 미국이라는 강대국의 지원에 힘입어 반쪽 선거를 밀어붙였어.

결국 1948년 5월 10일, 38선 이남에서 총선거가 실시되었어. 이 선거가 민족 분단을 가져올 것이라며 많은 이들이 반대했지만, 그럼에도 국민들에게는 처음으로 맞이하는 민주주의 선거였어. 이를 '5·10 총선거'라고 한단다.

돌이켜 보면, 우리 민족은 조선 왕조 아래에서 살다가 일본 제국주의의 지배를 받았어. 그리고 일제가 물러간 뒤에야 비로소 처음으로 민주주의를 맛본 거야. 어찌 됐든 많은 사람들이 감격했지. 그래서 투표율이 무려 95.5퍼센트나 됐어. 미 군정과 이승만 세력이 국민들에게 투표를 하라고 강요한 것은 사실이지만, 그것만으로는 설명할 수 없는 압도적인 투표율이었지. 국민 모두 민주주의를 애타게 갈망해 왔기에 가능한 일이었단다.

선거 결과를 보면, 총 당선자 198명 가운데 어느 정파에도 속하지 않은 무소속 후보가 85명으로 가장 많이 당선되었어. 그다음이 이승만이 이끄는 대한 독립 촉성 국민회 소속 후보로 55명이 당선되었지. 이렇게 무소속이 압도적으로 당선된 것은 그만큼 이승

5·10 총선거 유세 전단

5·10 총선거 투표
5·10 총선거는 우리나라 역사상 처음 실시된 민주적인 선거였다. 이 선거에서 선출된 198명의 국회의원이 대한민국의 헌법을 제정했다.

대한민국 정부 수립 선포식 초대 대통령 이승만은 행정부를 구성한 뒤 광복 3주년인 1948년 8월 15일, 대한민국 정부 수립을 나라 안팎에 선포했다.

만을 반대하는 사람이 많다는 것을 뜻했어. 투표에는 참가했지만 많은 사람들이 남북 분단에 대해서는 우려가 깊었던 거야.

당선된 198명의 국회의원으로 헌법을 만들기 위한 제헌 국회가 구성되었어. 그리고 7월 17일, 드디어 우리나라 최초의 민주적인 헌법이 공포되었지. 이 헌법에 따라 제헌 국회에서 이승만이 초대 대통령으로 선출되었어.

이렇게 해서 1948년 8월 15일, 우리 민족은 꿈에도 그리던 해방을 맞이한 지 3년 만에 독립 정부를 세웠어. 하지만 그것은 한반도의 절반이 잘린 분단된 나라였어. 많은 이들이 이 점을 안타까워했단다.

키워드 + 반민 특위

반민 특위의 실패, 역사의 한으로 남다

해방 후 일본은 물러갔지만 그것으로 끝난 것은 아니었어. 우리 민족 내부에서 우리나라를 일제의 식민지로 떨어지게 한 자, 일제에 빌붙어 일제가 우리 민족을 착취하는 걸 도운 자, 즉 반민족 행위를 한 사람들을 가려내 처벌하는 일이 필요했어. 일제 강점기가 우리 민족에게 큰 불행의 시기였던 만큼 반민족 행위자들을 응징하지 않고서 새 나라를 세운다는 것은 기초 없는 건물을 짓는 것과 같은 일이었지.

그래서 1948년 8월 새 정부가 들어서자마자 국회는 바로 이 문제를 해결하는 데 착수했어. 그해 9월에 '반민족 행위 처벌법'을 통과시키고, 이 법에 따라 10월에 '반민족 행위 특별 조사 위원회(약칭 반민 특위)'를 구성한 거야.

반민 특위는 일제 시대에 높은 관리였던 자, 독립운동가와 그 가족을 괴롭힌 자, 악질 경찰, 일본의 밀정 노릇을 한 자, 비행기나 탄약을 만드는 군수 공장을 세워 전쟁에 협조한 자, 일본의 침략을 지지하는 글을 쓴 자 등을 친일파로 체포했어. 화신 백화점 사장 박흥식, 문학가 이광수와 최남선, 천도교의 최린 등 유명 인사들이 속속 잡혀 들어갔지. 그들은 특히 태평양 전쟁 말기에 우리 젊은이들을 전쟁터로 내모는 데 앞장섰기 때문에 죄가 무거웠어. 그중 박흥식은 일제 말기 일본이 전쟁을 치르는 데 필요한 비행기를 헌납하는 등 거액의 국방 헌금을 납부한 자였어.

그런데 반민 특위의 활동에 사사건건 제동을 걸고 나온 정치인이 있었어. 바로 이승만 대통령이야. 이승만은 일제 강점기에 독립운동을 했던 사람인 만큼, 반민 특위 활동에 박수를 보낼지언정 제동을 걸 이유는 없어 보여. 그런데도 그가 실제로 제동을 건 데에는 그만한 이

법정으로 끌려가는 반민족 행위자들 반민족 행위 특별 조사 위원회가 검거한 친일 행위자들. 가운데가 친일 언론인이자 기업가인 김연수이고, 오른쪽이 천도교 지도자로 친일에 앞장섰던 최린이다.

반민 특위 공판 반민 특위는 총 682명의 친일 행위자를 조사하여 이 가운데 559명을 검찰에 고발했다. 하지만 반민 특위가 해체되는 바람에 특별 재판부에서 최종으로 형벌을 받은 이는 거의 없었다.

유가 있었단다.

 해방 뒤 고국으로 돌아왔을 때 이승만 주위에는 따르는 사람이 별로 없었어. 중국에서 임시 정부를 이끌었던 김구를 따르는 이들이 훨씬 많았지. 이승만은 자기가 새 나라의 지도자가 되도록 도와줄 일꾼들을 일제 강점기에 일본을 위해 일했던 관리들 중에서 구했어. 그들은 그때 한 짓 때문에 벌을 받지 않을까 두려워하고 있었는데, 이승만이 그런 사람들을 이용한 거야. 그들이 이승만에게 충성하면 나중에 자기가 나라의 지도자가 되었을 때 모두 눈감아 주겠다는 것이었어. 사정이 이렇다 보니 이승만은 반민 특위의 활동이 마음에 들지 않았지.

 그러던 중 반민 특위가 경찰 간부 가운데 일제 강점기에 고등계 형사를 하며 독립운동가들을 잡아들인 노덕술이라는 사람을 체포하자 이승만과 정면으로 충돌하게 되었어. 노덕술은 1946년 수도 경찰청 수사과장을 맡으면서 경찰 내에서 이승만을 반대하는 세력을 제거하고 공산주의자를 검거하는 데 주도적인 역할을 한 인물이었어.

 이승만은 노덕술이 반공 투사라며 풀어 주라고 하는가 하면, 반민 특위가 아예 활동하지 못하게 하는 입법을 추진하는 등 법치주의에서 벗어나는 행동을 일삼았어. 결국 현직 경찰들이 반민 특위 사무실을 습격해 반민 특위 조사관들을 폭행하고 제멋대로 체포해 감금하는 등 불법적인 일들이 벌어졌어. 그러나 이승만이 시킨 일이라 법의 심판을 받지도 않았지.

 마침내 반민 특위는 친일 민족 반역자를 제대로 청산하지 못한 채 문을 닫고 말았어. 그 결과 친일파였던 많은 사람들이 새 정부에 관료로 참여했고, 학계와 문화·예술계에서도 친일파 인물들이 당당히 얼굴을 들고 활동하게 되었단다.

키워드 06 　제주 4·3 사건

폭주하는 분단 기관차에 치인 희생자들

제주도 모슬포항 가까운 곳에 '백조일손지묘'라는 비석이 세워진 공동묘지가 있단다. 130여 명이 묻힌 이곳 무덤 하나하나에는 특이하게도 비석이 없어. 여기는 6·25 전쟁 중이던 1950년 8월 20일, 영문도 모른 채 경찰에게 붙잡혀 집단적으로 총살당한 사람들이 묻힌 곳이야. 이 사람들은 무슨 죄를 지었던 것일까? 아무 죄도 짓지 않았어. 다만, 가족이나 친척 가운데 누군가가 1948년 4월에 일어난 '제주 4·3 사건'에 연관되어 있었다는 것이 '죄 아닌 죄'였단다.

【 폭주하는 분단 기관차 】

1947년, 조국이 분단되는 상황으로 흘러가면서 남한에서는 남한 단독 정부 수립에 찬성하는 세력과 거기에 반대하는 세력이 험악하게 대립했어. 반대 세력의 중심은 사회주의자들이었지. 두 세력이 얼마나 서로에게 적대감을 품었는지는 1947년 3·1절 기념 행사에서 극명하게 드러났어.

　3·1절은 일제의 지배를 받던 우리 민족이 독립을 원하는 한마음으로 떨쳐나선 1919년 3월 1일을 기념하는 날이야. 그 기념식을 단독 정부 찬성 측은 서울 운동장에서, 반대 측은 남산에서 각기 따로 열었어. 그런데 기념식을 따로 여는 것으로 그치지 않았어. 기념식을 마친 양쪽의 행진 대열이 남대문 부근에서 충돌한 거야. 돌멩이가 날아다니고 서로 치고받는 싸움이 벌어졌지. 경찰이 출동해서 총을 쏘아 진압해야 했어. 그 과정에서 여러 명이 죽고, 다친 사람도 많았어. 온 민족이 하나가 된 3·1 운동을 기념하는 날에 민족이 둘로 갈라져 피를 흘리며 싸웠으니 참 어처구니없는 일이었지.

3·1절 기념 시가 행진 1947년 광복 2주년을 맞아 단독 정부 찬성 측과 반대 측이 양쪽으로 갈라져서 남대문 부근을 기념 행진하는 모습이다.

이런 일은 제주도에서도 일어났어. 제주시에서 열린 3·1절 기념 행사 때 군중이 '단독 정부 수립 반대'를 외치며 시위를 벌이자 경찰이 총을 쏘아 6명이 사망하는 사고가 발생했어. 제주도 사람들은 경찰을 이승만의 하수인이라고 규탄하며 직장마다 총파업을 벌여 항의했지.

그 뒤 이승만은 남한 단독 정부를 세우는 방향으로 밀고 나갔고, 미국은 그것을 지원했어. 그리고 1948년 5월 10일 총선거를 실시하기로 결정했어. 명목은 총선거였지만, 북한이 선거를 거부할 것이 분명했기 때문에 남한만의 반쪽 선거가 되리라는 것이 명확했지. 5월 10일이 다가오자 사회주의 세력은 조선 공산당 조직을 동원해 총선거에 반대하는 운동을 벌여 나갔어.

【 비극의 불씨가 된 제주 4·3 사건 】

1948년 4월 3일 새벽, 남로당(남조선 노동당) 당원 350여 명이 제주도 곳곳의 경찰서를 공격했어. 그리고 이승만이 이끄는 단체인 대한 독립 촉성 국민회와 서북 청년단을 습격해 주요 간부들을 살해했어. 이승만 세력을 제거해서 남한 단독 정부 수립을 막아 내겠다는 의도였지. 사실 제주도의 남로당은 이전부터 경찰의 탄압과 서북 청년단의 폭력에 많은 희생자가 생긴 터였어. 그래서 그 보복으로 잔인하게 살해한 면도 있었어.

남한을 관할하고 있던 미군은 공산당이 경찰을 공격한 사건을 중대한 문제로 보았어. 이 사건을 그대로 두면 다가올 총선거를 무사히 치르지 못할지도 모르는 일이었지. 그래서 군대를 보내 강경하게 진압하기로 했어.

제주도에 파견된 군대는 경찰과 함께 남로당 당원들을 체포하기 시작했어. 당원들은 무기를 들고 맞서 싸웠지. 제주도 곳곳에서 군대와 남로당 사이에 전투가 벌어졌어. 남로당은 성능이 좋은 무기를 갖추고 잘 훈련받은 군대를 이길 수 없었어. 그래서 산속으로 숨어들어 유격전을 펼쳤지. 외지에서 온 군인들은 제주도 지형에 익숙하지 않았기 때문에 골짜기마다 숨어서 버티는 남로당 무장 대원들을 쉽게 붙잡을 수 없었어.

남로당은 낮에는 산속에 숨어 있다가 밤이 되면 산을 내려와 경찰서를 공격하고, 민가에서 음식을 얻어 돌아갔어. 한편 제주도 주민들 가운데는 남로당이 단독 정부를 반대하기 위해 활동한다고 믿었기 때문에 그들을 도와주려는 이들이 많았어.

이렇게 되자 군과 경찰은 남로당을 통제하기가 더 어려워

제주도에 온 미 군정 수뇌부
4·3 사건이 일어나자 긴급 대책을 논의하기 위해 제주도를 방문한 미 군정장관 딘 소장(왼쪽 두 번째)은 문제를 평화적으로 해결하려던 김익렬 연대장(맨 오른쪽)을 해임하고 제주도민들을 강경하게 진압하도록 지시했다.

졌어. 남로당은 제주도 곳곳에 갑자기 나타나서 경찰과 이승만을 지지하는 단체의 지도자들을 습격한 뒤, "남한 단독 정부 수립을 반대한다."는 연설을 하고는 산속으로 피하곤 했어. 5월 10일이 다가왔지만 선거는 제대로 치러질 수가 없었어. 결국 남한에서는 유일하게 제주도에서만 투표율이 과반수에 못 미쳐 무효 처리 되었단다.

【 무자비한 학살과 그 방관자들 】

미 군정과 이승만은 제주도 문제를 심각하게 받아들였어. 이대로 가다가는 제주도가 대한민국에서 제외될 수도 있는 형편이었거든. 그래서 6월 23일에 재선거를 실시하려고 했지만 그것마저 실패했어.

군 지휘관은 제주도에서 선거를 제대로 치르려면 남로당과 주민을 분리해야 한다고 판단했어. 그래서 해안에서 5킬로미터 이상 떨어진 중산간 지역으로는 주민들이 들어가지 못하게 했어. 그리고 그곳에 군대를 출동시켜 마을 전체를 불태워 없애 버리기 시작했어.

그러나 중산간 지역에는 남로당만 있는 것이 아니라 많은 주민들이 생계를 이어 가며 살고 있었어. 군인들은 그들이 남로당 무장 대원들을 도와주고 있다고 보았어. 그래서 중산간 지역의 모든 사람을 깡그리 죽여 없애기로 했어. 그 과정에서 남로당과는 아무 관련도 없는 노인과 여성과 어린아이들이 희생당했어.

가까스로 살아남은 한 여성의 증언이 그때의 참상을 알려 준단다.

"새벽에 갑자기 요란한 총소리가 들리자 젊은이들은 황급히 피했습니다. 나는 어린 아들과 딸 때문에 그냥 집에 있었습니다. '설마 아녀자와 어린아이까지 죽이지는 않겠지.'라고 생각했지요. 그런데 집에 불을 붙이는 군인들 태도가 심상치 않았습니다. 무조건 '살려 줍서, 살려 줍서.' 하며 빌었습니다. 그 순간 총알이 내 옆구리를 뚫었습니다. 세 살 난 딸을 업은 채 픽 쓰러지자 아홉 살 난 아들이 겁을 먹고 '엄마!' 하며 내 품으로 달려들었습니다. 그러자 군인들은 아들을 향해 또 한 발을 쏘았습니다. 아들은 가슴에 총을 맞아 심장이 다 튀어나왔습니다. 그들은 인간이 아니었습니다. 집은 활활 불타고 있었습니다. 군인들이 가 버리자 나는 우선 총 맞은 아들이 불에 타지 않도록 마당으로 끌어낸 다음 딸을 살폈습니다. 그때까지만 해도 딸이 울지 않았기 때문에 딸까지 총에 맞았으리라고는 생각도 못했지요. 그런데 등에서 딸을 내리려는데 담요가 너덜너덜했습니다. 내 옆구리를 꿰뚫은 총알이 담요를 뚫고 딸의 왼쪽 무릎을 부숴 놓은 겁니다."

　제주도 곳곳에서 수많은 주민들이 이렇게 아무 죄 없이 희생당했어. 그러는 동안 육지에서는 6·25 전쟁이 일어났어. 이번에도 군과 경찰은 또다시 남로당이 공격해 올 거라며 가족이나 친척 가운데 남로당과 조금이라도 관련이 있는 사람들을 한곳에 불러 모아 총살해 버렸어. 앞에서 말한 백조

일손지묘는 바로 그런 과정에서 생긴 묘지란다. 돌아가신 1백여 조상의 유골을 일일이 구분할 수가 없으니 모두 한 자손이라는 뜻이지.

정부의 공식 조사에 따르면, 제주 4·3 사건은 무려 1만 4천여 명이나 되는 희생자를 내고서 간신히 마무리되었어. 1만 4천 명 가운데

백조일손지묘 누구의 유골인지 구분할 수 없어서 학살당한 사람들을 한꺼번에 모신 집단 묘역으로, 4·3 사건의 비극이 깃든 곳이다. 제주도 대정읍 공동묘지 한 귀퉁이에 있다.

남로당 무장 대원은 극히 일부였고 나머지는 죄 없는 주민들이었어. 이승만이 남한 단독 정부를 세우느라 골몰하다가 아무 죄도 없는 주민들을 희생시킨 거야.

제주도 주민들에게 씌워진 억울한 누명은 오래도록 벗겨지지 않았어. 정부도 일부 국민도, 제주도에서 죽어 간 사람들을 공산당이니 빨갱이니 하며 몰아붙였어. 제주도민들이 외롭게 하소연했지만 들어주는 이가 없었어.

김대중 정부가 들어선 뒤인 2000년이 되어서야 비로소 '제주 4·3 사건 진상 규명 및 희생자 명예 회복에 관한 특별법'이 만들어졌어. 이 법에 따라 정부 차원의 진상 규명 위원회를 만들어 진상을 조사하기 시작했지. 그리고 조사 위원회의 의견에 따라 2003년 노무현 대통령이 대한민국을 대표해 '국가 권력에 의해 대규모 희생'이 이루어졌다는 사실을 인정하고 제주도민에게 공식으로 사과했어. 무려 55년이 지나서야 제주도민의 억울한 누명이 벗겨진 거란다. 그리고 2014년부터는 매년 4월 3일을 '4·3 희생자 추념일'이라는 국가 기념일로 정해 희생자들을 추도하고 있단다.

키워드 07   조선 민주주의 인민 공화국

북한은 어떻게 건국되었나

38선 남쪽의 정세가 단독 선거와 단독 정부 수립으로 치닫자, 38선 북쪽 소련군 점령 지역에서도 이에 대응하는 움직임이 펼쳐졌어. 남쪽에서 굳이 단독 정부를 수립하겠다면 북쪽도 어쩔 수 없이 따로 정부를 세워야겠다는 것이었지. 그리하여 오늘날 우리가 북한이라고 부르는 정부, 즉 조선 민주주의 인민 공화국이 탄생하게 되었단다.

【 누가 먼저 분단을 꾀했나 】

남과 북 어느 쪽에 분단의 책임이 있느냐고 물으면 남쪽 사람들 대부분은 북쪽이라고 대답할 거야. 그러나 그렇게 단정할 수는 없어. 북쪽의 사회주의 세력이 처음부터 분단을 생각하고 있었다거나, 아니면 남북 모두 동시에 각각 단독 정부를 수립할 생각이었다고 보는 것은 사실과 달라.

해방을 전후하여 국내 각 정치 세력의 판도를 보면 사회주의 진영과 중도 진영이 민족주의 진영보다 훨씬 우세했어. 민족주의 진영의 상당수는 이미 친일파로 돌아선 뒤였지. 이러한 상황에서 정부를 세운다면 그 정부는 당연히 사회주의 세력이 주도하게 돼 있었어. 따라서 사회주의 진영에서 먼저 단독 정부 수립을 추진할 이유는 없었지.

오히려 남쪽의 이승만 세력이 단독 정부 수립을 추진하자, 김구를 비롯한 민족주의 진영뿐 아니라 김규식을 비롯한 중도 진영까지, 남쪽의 다수 세력이 그에 반대하는 상황이 벌어졌어. 정치 세력 측면에서만 보면 이승만 세력은 남쪽에서도 분명히 소수파였어. 북은 남에서 이승만에게 반대하는 세력을 끌어들이면 이승만 세력을 고립시킬 수 있고, 단독 정부 수립도 막을 수 있다고 생각했지.

그래서 북의 지도자 김일성은 1948년 4월 평양에서 '전 조선 제 정당·사회 단체 대표자 연석회의'를 열었어. 이 회의에는 남북한 56개 단체의 대표 695명이 참석했어. 그 가운데는 남쪽의 지도급 인사인 김구와 김규식도 포함되어 있었지. 말하자면 남쪽의 이승만 세력을 빼고는 다 참석한 모양새가 된 거야.

이 회의에서 공동 성명을 발표했는데, "외국 군대는 한국에서 즉시 철수할 것, 그 뒤 전 조선 정치 회의를 소집하여 민주주의 임시 정부를 수립할 것, 이를 통해 통일 민주 정부를 수립할 것이며 남한 단독 선거는 절대 반대할 것" 등이 주요 내용이었어. 문구 자체로 보면 나무랄 데 없는 내용이었지. 사실 이것은 그동안 소련이 주장해 온 것과 같은 내용이었어. 곧 미국이 한국에서 손을 떼면 자연스럽게 사회주의 세력이 주도하는 정부가 세

전 조선 제 정당·사회 단체 대표자 연석회의 1948년 4월, 평양에서 열린 전 조선 제 정당·사회 단체 대표자 연석회의에 참여한 김일성과 김구. 가운데가 김일성이고, 오른쪽이 김구이다.

워지리라는 기대를 품고 있었던 거야.

그러나 남에서 이승만은 5·10 총선거를 밀어붙였어. 이 선거에 참여한 남쪽 국민은 예상 밖으로 많았어. 처음으로 해 보는 직접 투표에 모두 큰 관심을 보였지. 이렇게 되니 38선 남쪽에 단독 정부가 수립되는 것을 막을 길이 없었어. 북은 가만히 보고만 있을 수 없어서 남에 대응하는 단독 정부를 세워 나갔단다.

【 분단의 비극이 현실이 되다 】

그동안 38선 이북의 상황은 남쪽과는 사뭇 달랐어. 소련 군정은 미 군정과 마찬가지로 건국 준비 위원회를 인정하지 않았어. 하지만 김일성을 비롯한 사회주의자들과 조만식 등 민족주의자들이 서로 힘을 모아 행정 구역별로 인민 위원회를 구성하도록 도왔어. 이 인민 위원회가 각 지역에서 일제가 물러간 뒤의 혼란을 정리하고 질서를 잡는 데 큰 역할을 했지.

선거 연설 중인 김일성 김일성이 1946년 11월 3일에 실시되는 인민 위원회 선거를 앞두고 연설하고 있다.

인민 위원회 선거 축하 행렬
평양 음악 학교 학생들이 김일성과 스탈린의 초상화를 들고 인민 위원회 선거를 축하하는 행진을 벌이고 있다.

토지 개혁 1946년 3월, 북한은 대부분의 토지를 몰수해 국유지로 만든 뒤 농민들에게 분배해 주는 토지 개혁을 단행했다. 이로써 북한에서는 공식적으로 지주와 소작인이라는 관계가 사라지고 모든 농민이 국가에서 토지를 분배받아 농사짓는 사회주의적 농업이 실시되었다. 위의 사진은 토지 개혁을 홍보하는 포스터이고, 아래 사진은 토지 측량을 지켜보는 농민들의 모습이다.

정국이 안정되자 인민 위원회에서는 토지 개혁을 실시해 일제와 지주가 소유하고 있던 토지를 몰수한 뒤 농민들에게 나눠 주었어. 조선 인민군이라는 군대도 창설했지. 실질적인 정부의 모습을 착착 갖추어 나가고 있었던 거야.

이처럼 북의 상황은 남에서 미 군정이 여러 정치 세력과 갈등을 빚고 있던 것과는 분위기가 확연히 달랐지. 그런 가운데 1948년 남에서 단독 정부를 세우는 길로 나아간 거야.

남에서 대한민국 정부를 수립한 지 10일 뒤인 8월 25일, 북의 김일성이 이끄는 인민 위원회는 남북한 전역에 걸쳐 선거를 실시한다고 발표했어. 이승만의 단독 정부와 달리 북과 남 전체를 포함하는 전국 선거를 거쳐 정통성 있는 통일 정부를 세우겠다는 것이었어.

북쪽에서 치르는 선거는 문제가 없겠지만, 남쪽에서 치르는 선거는 이승만 정부에 의해 불법으로 탄압받을 게 뻔했지. 그래서 각 시와 군에서 비밀 투표로 5명 또는 7명의 대표를 선출하고, 그렇게 선출된 대표 1,080명이 북한 지역인 해주에 모여 그 자리에서 360명의 남쪽 대표를 선출하는 방식을

초대 수상으로 선출된 김일성
조선 민주주의 인민 공화국 수립 선포 전날인 1948년 9월 8일, 북조선 인민 위원회 위원장이었던 김일성이 초대 수상으로 선출되었다. 앞줄 맨 오른쪽이 김일성이고, 그 왼쪽 안경 쓴 사람이 박헌영이다.

택했어. 북쪽의 주장에 따르면 남쪽 주민의 77.5퍼센트가 투표에 참여했다고 해. 하지만 투표가 철저한 비밀 속에 진행된 데다 근거 자료가 없으니 그 수치를 그대로 믿을 수는 없지.

어쨌든 북한은 전국 선거를 거쳐 최고 인민 위원회를 구성하고 헌법을 제정한 뒤, 그동안 실제로 북쪽 진영을 이끌어 온 김일성을 수상으로 선출했어. 그러고는 9월 9일 '조선 민주주의 인민 공화국' 수립을 선포했단다. 북

북한의 초대 내각 북한의 정부 각료들이 조선 민주주의 인민 공화국 수립을 기념하며 찍은 사진이다. 앞줄 가운데가 김일성 수상이고, 그 오른쪽이 박헌영 부수상 겸 외상이다.

조선 민주주의 인민 공화국 수립 선포식 북한은 1948년 8월 25일 최고 인민 위원회 대의원 선거를 치른 뒤, 1948년 9월 9일 조선 민주주의 인민 공화국을 수립했다.

쪽의 이 정부는 사실 38선 이북을 관할하는 분단 정부였지만, 명목만은 한반도 전체를 대표하는 통일 정부라고 내세웠지. 그래서 수도는 서울로 한다고 선포했어. 평양에 근거지를 두고 있으면서도 수도를 서울로 정한 것은 머지않아 대한민국이 무너지고 조선 민주주의 인민 공화국으로 통합될 것이라고 확신했기 때문이지.

이렇게 해서 한반도에는 두 개의 정부가 세워졌어. 해방 이후 3년의 과정을 보면 결국 한반도에 진주한 미군과 소련군 각 진영에 따로 정부가 수립된 셈이야. 대한민국도 조선 민주주의 인민 공화국도 이것은 임시일 뿐, 머지않아 통일을 이루어야 한다고 생각했지. 하지만 그런 생각 자체가 또 다른 엄청난 비극을 불러오게 될 줄이야 누가 알았겠니.

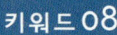 키워드 08   6·25 전쟁

피로 물든 슬픈 한반도

오른쪽 사진을 보렴. 폭격으로 부서진 철교 위를 마치 개미가 기어가듯 전쟁 피난민들이 아슬아슬하게 건너고 있어. 1950년 12월 평양의 대동강 철교 모습이야. 살기 위해 발버둥치는 사람들의 처절함과 전쟁의 비극이 그대로 전해 오지 않니? 이 장면을 찍은 맥스 데스포라는 기자는 이 사진 한 장으로 1951년도 풀리처상을 받았단다. 이런 전쟁의 비극은 도대체 왜 일어난 걸까?

【 북의 기습 남침으로 시작된 전쟁 】

사실 여기까지 유심히 읽어 왔다면 전쟁이 일어난 게 별로 이상한 일로 여겨지지 않을 거야. 1945년 해방이 된 뒤 남과 북에서 펼쳐진 과정 자체가 하나의 귀결점, 즉 전쟁으로 치닫고 있었으니까 말이야.

1948년에 먼저 북위 38도선 남쪽에 대한민국이 수립되고, 뒤이어 북쪽에 조선 민주주의 인민 공화국이 들어선 뒤로 양쪽은 모두 곧 통일을 이루어야 한다고 주장했어.

이를테면 대한민국의 이승만 대통령은 1950년 3·1절 기념식에서 이렇게 다짐했어.

"오늘 우리는 한마음으로 서약합니다. 우리나라의 완전무결한 강토를 회복할 때까지 우리는 죽기를 각오하고 투쟁할 것입니다. 이 목표를 향해 나아가는 우리는 생명도 모르고 평화도 모릅니다."

북한도 마찬가지였지. 북한은 1949년 6월 남북의 71개 정당과 사회 단체 대표 704명으로 구성된 '조국 통일 민주주의 전선'이라는 기구를 결성했어.

대동강 철교를 건너는 피난민들 중국군이 북한을 지원해 6·25 전쟁에 참전하자, 1950년 12월 국군과 유엔군은 평양을 내준 후 남쪽으로 후퇴해야 했다. 철수하는 국군과 유엔군을 따라 폭파된 대동강 철교를 건너 남쪽으로 피난 가는 주민들의 모습이다.

이 기구는 남북의 정당과 사회 단체 대표로 구성된 선거 지도 위원회의 감시 아래 남북 총선거를 실시해 통일 정부를 구성하자고 제안했어.

이러한 상황은 남북한 모두 1948년의 정부 수립은 임시적인 조치이며, 궁극적으로는 통일 정부를 수립하는 것이 마땅하다는 뜻을 밝힌 것이었지. 그런데 그 뜻에는 온도 차이가 있었단다. 더 뜨거운 쪽은 북한이었어. 결국 북한은 통일을 위한 실천, 즉 남한을 북의 체제로 통합하기 위한 무력 행동에 나섰어. 1950년 6월 25일, 탱크를 앞세워 38선을 돌파해 남쪽을 향한 전면적인 전쟁을 개시한 거야.

전쟁 기술을 다룬 중국의 유명한 고전인 『손자병법』에 따르면, 전쟁을 일으키기 위해서는 상대보다 3배의 전력을 확보해야 한다고 해. 북한도 그랬을까? 남북 양쪽이 주장하는 수치가 달라서 단언할 수는 없어. 하지만 남쪽

탱크를 몰고 남으로 내려오는 북한군 1950년 6월 25일, 탱크를 앞세워 38선을 돌파한 북한군은 전쟁 개시 3일 만에 서울을 점령했다.

에 대한민국을 세운 이승만은 반대자가 많은 가운데 나라를 이끌게 되었어. 따라서 건국한 지 2년 만에 강력한 군대를 기르기에는 시간이 부족했지.

반면 북쪽에서는 민중을 위한다는 사회주의로 무장한 독립운동가들이 나라의 운영을 맡았고, 큰 혼란 없이 군대를 건설해 나갔어. 그래서 전쟁이 일어난 1950년 6월 무렵에는 북한이 군사적으로 더 준비가 잘돼 있었고, 소련에서 무기를 원조받아 전투 장비에서도 월등했다고 볼 수 있지. 대표적으로 북한군이 앞세운 탱크를 남한에서는 갖추고 있지 못했어.

상황이 이러했기 때문에 북한군이 38선을 돌파했을 때 남한군은 막을 힘이 없었어. 북한군은 남한군을 손쉽게 무찌르며 빠른 속도로 남쪽으로 내려왔어. 전쟁을 개시한 지 사흘 만에 벌써 서울로 들이닥쳤지.

【 유엔군 참전, 국제전으로 확대 】

6월 27일, 북한군은 서울 북쪽 미아리 고개까지 진격해 왔어. 서울 중심부를 코앞에 두고 있었지. 그런데도 라디오에서는 국군이 곧 북한군을 물리칠 것이니 안심하라는 이승만의 목소리만 반복해서 흘러나왔어. 마침내 6월 28일 아침, 미처 피난도 가지 못한 서울 사람들은 탱크를 앞세우고 행진해 오는 북한군을 맞아야 했어.

이승만 정부는 말로는 북진 통일을 외치고 있었지만, 실제로 북한군이 전면적인 전쟁을 걸어오자 우왕좌왕하며 정신을 차리지 못했어. 대통령 이승만은 서둘러 서울을 빠져나가 대전으로 피신해야 했고, 북한군이 대전까지 밀어닥치자 대구로, 부산으로 계속 밀려났지. 부산까지 쫓겨 간 이승만은 부산을 임시 수도로 삼고, 만약의 경우 정부를 일본으로 옮겨 망명 정부를 세울 계획까지 세워 두었어.

전쟁이 일어났을 때 이승만은 맨 먼저 미국에 지원을 요청했어. 그러자 미국은 이 문제를 유엔에서 다루게 했어. 미국은 한반도에서 남한이 북한에 밀리면 동아시아 전체에서 소련의 입김이 강해지고 그만큼 미국의 영향력이 줄어들까 봐 우려했거든. 그래서 미국의 영향력이 강하게 미치고 있는 유엔에 안전 보장 이사회를 열게 해서 북한의 침략을 비판하고, 유엔군을 편성해 한국을 돕기로 결정했어. 이렇게 해서 16개 나라로 구성된 유엔군이 6·25 전쟁에 참전하게 되었지.

미군을 중심으로 구성된 유엔군은 부산까지 밀린 남한을 도우려고 과감하게 한반도의 허리춤 격인 인천을 공격하기로 했어. 1950년 9월, 유엔군 사령관 맥아더가 지휘한 인천 상륙 작전은 큰 성공을 거두어 유엔군은 북한군을 물리치고 서울을 되찾았지. 승승장구하던 북한은 뜻하지 않은 곳에서 일격을 받고 전세가 뒤집어진 거야.

끊어진 한강 철교 서울이 점령되자 이승만 정부는 북한군의 남하를 막기 위해 6월 28일 새벽에 한강 철교를 폭파시켰다. 이때 철교를 건너던 많은 피난민들이 사망했고, 피난을 떠나려던 사람들은 발이 묶여 버렸다.

인천 상륙 작전 인천 상륙 작전의 성공으로 북한군이 주도하던 6·25 전쟁의 판세가 바뀌었다. 오른쪽 사진에서 가운데에 망원경을 들고 앉아 있는 사람이 인천 상륙 작전을 지휘한 유엔군 총사령관 맥아더이다.

이후 한국군과 유엔군은 거꾸로 38선을 돌파해 북으로, 북으로 진격했어. 겨울쯤에는 북쪽 국경선인 압록강과 두만강 가까이에 이르렀지. 북한은 수도를 평양에서 두만강 부근의 강계로 옮기면서 계속 저항했지만, 유엔군을 막아 내기에는 힘이 부족했어. 이승만 정부는 이제 통일이 멀지 않았다고 확신했어. 고맙게도 북한이 먼저 38선을 허물어 준 덕분에 통일의 기회가 일찍 다가왔다고 생각한 거야.

한편, 더는 밀릴 곳이 없어진 북한은 소련에 지원을 요청했지만, 소련은 미국과 전면적으로 맞붙는 것이 부담스러워 망설였어. 그러자 북한은 이번엔 중국에 도움의 손길을 요청했지. 중화 인민 공화국도 중국 대륙을 평정한 지 얼마 안 돼 부담스럽기는 마찬가지였지만, 중국 대륙 동쪽 끝에 미국 점령지가 있으면 앞으로 더 큰 문제가 될 것이라 판단하고 북한을 지원하기로 결정했어. 이렇게 해서 6·25 전쟁은 이제 자본주의 진영과 사회주의 진영이 대결하는 국제전의 성격을 띠게 되었지.

1950년 11월, 압록강과 두만강까지 이르렀던 한국군과 유엔군은 얼어붙

중국군의 참전 국군과 유엔군의 반격에 위협을 느낀 중국은 "입술이 없으면 이가 시리다."면서 지원군을 파견해 6·25 전쟁에 참전했다.

은 강을 건너 진격해 오는 중국의 수십만 병력을 막아 낼 수가 없었어. 결국 통일을 바로 코앞에 두고 후퇴해야만 했지. 그 무렵 후퇴하는 한국군, 유엔군과 함께 북쪽을 떠나 남쪽으로 피난 가는 주민들의 모습을 찍은 것이 앞에 실린 맥스 데스포의 사진이란다.

【 정전 협정을 맺다 】

강력한 중국군에 밀린 유엔군은 후퇴를 거듭하다가 또다시 서울마저 내줄 위기에 놓였어. 1951년 1월 4일, 유엔군은 결국 서울을 버리고 남쪽으로 후퇴할 수밖에 없었어. 이를 '1·4 후퇴'라고 한단다. 급히 서울을 탈출했다가 돌아온 시민들은 또다시 보따리를 짊어지고 아이들 손을 잡고는 돌아올 기약 없는 피난길에 나서야 했지.

하지만 유엔군은 모든 힘을 집중해 반격에 나선 끝에 서울을 되찾는 데 성공했어. 그 뒤 양쪽은 한반도의 중간인 임진강과 원산 부근에서 일진일퇴를 거듭했어. 돌고 돌아서 전쟁이 일어나기 전과 비슷한 위치로 돌아오고 말았던 거야.

이때 북한을 지원하던 소련이 유엔군에 전쟁을 중지하자는 정전 회담을 제안했어. 전쟁이 계속되다 보면 소련군이 참전해야 할 상황이 올 텐데, 소련은 그것을 감당할 자신이 없었기 때문이지. 때마침 미국도 소련과 중국 두 강대국을 상대로 전쟁을 치르는 데 부담을 느끼고 있던 터라 정전 회담에 응했어.

　그러나 회담은 쉽사리 합의를 이끌어 내지 못했어. 각자 내세우는 조건이 맞지 않았기 때문이야. 그러는 동안에도 38선 일대에서는 계속 전투가 벌어져 수많은 전사자가 나오고 있었어. 그렇게 2년 동안이나 전쟁은 끝을 모른 채 이어졌단다.

　1953년 7월, 지루한 회담을 끌어 오던 양쪽은 드디어 정전 협정을 맺고 전쟁을 멈추기로 했어. 이때 전쟁을 멈춘 전선이 군사분계선으로, 오늘날 우리가 휴전선이라 부르고 있지.

　정전 협정이 이루어질 때 이승만은 끝까지 반대했어. 이참에 전쟁을 계속해 통일을 이루어야 한다는 주장이었지. 그러나 유엔군을 이끌던 미국과 북한을 지원하던 소련, 중국은 모두 더 이상의 전쟁을 바라지 않았어. 이 시점에서 승부를 내려다가는 미국과 소련 두 강대국 사이에 3차 세계 대전이 일어날 판이었는데, 어느 나라가 이길지는 아무도 장담할 수 없었거든.

　이런 상황에서 정전 협정을 맺었기 때문에 정전 협정의 당사자는 유엔군과 북한군, 중국군이 되었어. 대한민국은 협정문 조인에 참여하지 않았던 거야. 이 때문에 오늘날까지도 북한은 늘 미국만 대화 상대로 하겠다고 주

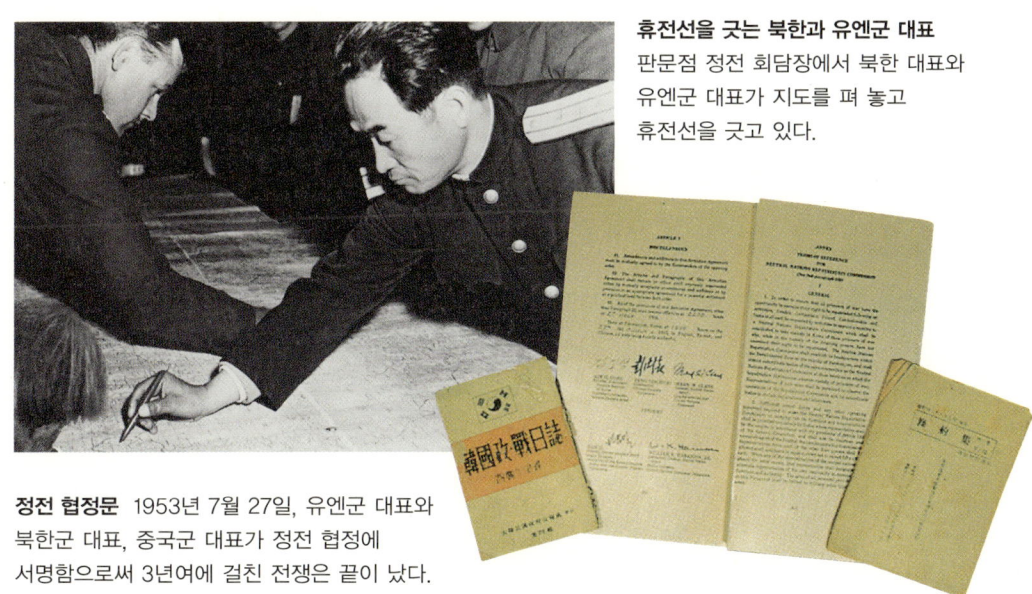

휴전선을 긋는 북한과 유엔군 대표
판문점 정전 회담장에서 북한 대표와 유엔군 대표가 지도를 펴 놓고 휴전선을 긋고 있다.

정전 협정문 1953년 7월 27일, 유엔군 대표와 북한군 대표, 중국군 대표가 정전 협정에 서명함으로써 3년여에 걸친 전쟁은 끝이 났다.

장하고 있어. 정전 협정의 당사자가 아닌 쪽과는 무슨 말을 해도 소용이 없다는 거지.

【 폐허만 남은 동족상잔의 전쟁 】

3년에 걸친 전쟁 뒤에는 무엇이 남았을까?

폐허만이 남았단다. 남북한 군인들, 유엔군과 중국군 모두 합해 약 270만 명이 죽은 것으로 추정되고 있어. 그 밖에 남북한의 민간인은 약 250만 명이나 죽었어. 그리고 온 국토가 쑥대밭이 되었지. 한반도의 남쪽 끝에서 북쪽 끝까지 오가며 싸웠기 때문에 거의 모든 국토가 양쪽 군대에 번갈아 가며 짓밟힌 셈이었어. 전쟁이 끝난 거리에는 부모를 잃은 고아와 먹을 것을 구걸하는 거지들이 가득했지.

전쟁이 끝나자 남북한 어디에도 성한 곳이 없었어. 일제 강점기에 대부분의 공장은 북한 지역에 건설되었는데, 신의주의 수풍 수력 발전소와 흥남의

전쟁으로 폐허가 된 서울

질소 비료 공장 등이 대표적이었지. 그 모든 산업 시설이 유엔군 폭격기의 융단 폭격을 받아 잿더미가 되어 버린 거야.

또 전쟁이 벌어지는 동안 사회주의를 싫어하는 북쪽의 민간인들 상당수가 남쪽으로 내려왔어. 남쪽으로 넘어왔다고 해서 '월남했다.'고 하지. 살 집마저 다 파괴되어 쑥대밭이 된 부산과 서울 등 대도시는 이런 월남 피난민까지 들이닥쳐 미어터질 지경이 되었어. 그들은 도시 외곽 언덕에 쓰레기 더미에서 주운 판자 따위로 간신히 하늘만 가릴 집을 짓고 겨우 목숨을 이어 나갔지. 이것이 나중에 '달동네'라고 불렸단다.

사람들은 생각했어. 남이든 북이든 전쟁을 해서 얻은 이득이 도대체 뭐냐고 말이야. 아무 이득도 없이 서로 죽고 죽이는 전쟁을 3년 동안이나 했으니 기가 막힐 뿐이었지. 단 하나 얻은 것이 있다면, 우리가 아무리 통일을 바라더라도 무력을 사용하는 통일은 안 된다는 것, 곧 통일은 반드시 평화적으로 이루어야 한다는 깨달음이었어. 3년간 치른 희생을 생각하면 비싸도 아주 비싼 깨달음이었단다.

피난민의 생활

전쟁으로 모든 것을 잃어버린 피난민들은 길바닥에서 의식주를 해결해야 했다. 이들은 주로 미군이 전해 준 구호 식량과 물품으로 근근이 생명을 이어 나갔다.

수류탄 등잔과 링거병 등잔 전쟁 중에는 생필품이 귀해 미군 기지에서 나온 물품을 재사용하거나 재활용했다. 수류탄으로 만든 등잔(왼쪽)과 병원에서 버린 링거병을 재활용해 만든 등잔(오른쪽)이다.

국수 틀 기름 깡통으로 만든 국수 틀이다. 미군이 원조해 준 밀가루로 국수를 해 먹었다.

부착형 사이렌 적의 공습을 알리는 사이렌 소리가 울리면, 주민들은 가슴을 졸이며 방공호로 몸을 피했다.

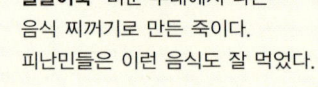

꿀꿀이죽 미군 부대에서 나온 음식 찌꺼기로 만든 죽이다. 피난민들은 이런 음식도 잘 먹었다.

피난민 아이들

낙동강 변 피난민촌 전쟁 중에 피난민들은 야산이나 강변에 천막을 치거나 움집을 짓고 생활했다.

급수차를 기다리는 부녀자들
피난민이 갑자기 몰려들어 물이 몹시 부족해지자, 당국은 급수차를 동원해 물을 공급했다. 부녀자들이 커다란 물통을 준비하고 늘어서서 급수차를 기다리고 있다.

양철 물통

구호물자를 받는 아이들 전쟁으로 굶주린 아이들이 미군이 주는 구호물자를 받기 위해 모여 있다.

피난민촌 천막 학교 피난민 어린이들은 전쟁 중에도 배움의 끈을 놓지 않고 천막으로 지은 학교에서 열심히 공부했다.

2 개발 독재의 시대

6·25 전쟁으로 온 나라는 폐허가 돼 버렸어. 그런데도 이승만은 국민을 보살피기보다는 권력을 지키는 데만 골몰했어. 국민들은 화가 나서 이승만을 쫓아냈단다. 하지만 이승만이 물러간 자리를 이번엔 군인 박정희가 차지하고 또다시 독재 권력을 휘두르기 시작했어. 박정희는 자신만이 나라를 구할 수 있다며 강압적으로 경제 개발을 밀어붙였지. 이와 같은 박정희의 통치를 '개발 독재'라고 한단다.

키워드 09 | 이승만 정부

희롱당하는 민주주의

6·25 전쟁으로 한반도 전체가 아수라장이 되어 버렸어. 새 나라를 세우기 위해 모두 힘을 합쳐 노력해도 모자랄 판에 있는 것마저 모두 파괴되고 말았지. 그런데 불행은 여기서 그치지 않았단다. 이승만 대통령이 날이 갈수록 민주주의를 파괴하는 독재 정치를 했기 때문이야.

【 폭력에 맛 들인 이승만 】

초대 대통령 이승만은 제헌 국회에서 제정한 대한민국 헌법에 따라 국회에서 선출되었어. 국회의원들을 국민의 손으로 선출했기 때문에, 그들이 국민의 뜻을 헤아려 대통령을 선출하는 것이 민주주의에 합당하다고 생각했던 거야.

그런데 시간이 흐르면서 국회의원들은 이승만을 대통령으로 뽑은 것을 점점 후회하기 시작했어. 친일파를 처벌하기 위해 국회가 설치한 반민 특위를 이승만이 경찰력을 동원해 탄압한 것이 실망의 시초였어. 그 뒤로 이승만은 친일파 인물들을 받아들여 중요한 직책에 앉혔어. 여기에 그치지 않고 국회를 무시하고 독단적인 행동을 일삼았지.

이런 가운데 1952년이 되어 어느덧 대통령 임기 4년이 거의 끝나 가고 2대 대통령 선거가 다가왔어. 이승만은 걱정이 깊어졌어. 그때 국회에는 이승만에게 반대하는 의원이 다수를 차지하고 있었거든. 이런 상황에서 선거를 치르면 이승만이 다시 대통령이 될 가망이 없었어.

이승만은 묘안을 짜냈어. 2대 대통령 선거에서 자신에게 유리한 쪽으로 헌법을 바꾸기 위해 헌법 개정안을 국회에 제출했어. 국회에서 대통령을 선출하던 것을 국민이 직접 투표해 뽑는 직선제로 바꾸자는 내용이었지. 이승만은 국민들에게 직접 호소하면 자기를 대통령으로 뽑아 주리라고 믿었던 거야.

하지만 이승만의 속셈을 알고 있는 국회의원들은 직선제 개헌에 찬성하지 않았어. 그러자 이승만은 국회를 공격했어. 국회의원이 국민의 뜻을 따르지 않는다며 국민이 항의하는 모양새를 만들었지. 그런데 이때 국회로 들이닥

부산의 임시 정부 청사 전쟁이 일어나자 이승만 정부는 북한군에 밀려 부산으로 수도를 옮겨야 했다. 이승만은 전쟁을 핑계로 독재 권력을 휘둘렀다.

친 애국 시민 단체는 사실 이승만이 동원한 폭력배들이었어. 단체 이름도 '땃벌떼', '백골단' 등 살벌했지.

그들은 국회에 함부로 쳐들어가 의사당을 점령하고는 국회를 해산하라고 주장하며 국회의원들을 협박하고 폭행하기까지 했어. 하지만 그럴수록 이승만에 대한 국회의원들의 반감은 더 커져 갔어. 헌법 개정안이 통과될 가능성은 더욱 적어졌지.

그러자 이승만은 비상조치를 내렸어. 임시 수도인 부산 일대에 계엄령을 선포한 거야. 계엄령은 전쟁 또는 국가의 비상사태 때 국회와 법원, 행정부의 기능을 일시 정지하고 모든 권한을 군 사령관에게 맡기는 조치야. 이승만은 6·25 전쟁 중이라는 구실을 내세웠지. 하지만 이때는 전쟁이 일어난

개발 독재의 시대 79

지 벌써 2년이 되어 가는 데다 계엄령이 선포된 지역도 부산에 한정돼 있었기 때문에, 누가 봐도 이는 국회의 힘을 빼기 위한 꼼수였어.

계엄령 아래에서 국회는 총을 든 군인들에게 점령당했어. 이에 항의하기 위해 의원들이 국회로 모여들자, 이승만은 국회의원들을 태우고 국회로 향하는 버스를 통째로 견인차로 끌고 가 헌병대에 가두었어. 의원들 가운데 12명에게는 간첩이라는 터무니없는 혐의를 씌워 구속하기도 했지.

결국 일부 의원들은 구속되고 또 일부 의원들은 폭력 단체의 행패가 무서워 국회에 나오지 않는 바람에 국회가 열리지 못했어. 국회가 열리지 않으니 헌법 개정안을 처리할 수도 없었지.

그러자 이번엔 국회의원들을 달래기 시작했어. 구속된 의원을 풀어 주면서 그 대가로 헌법 개정안에 찬성하라고 강요했지. 또 숨어 있던 의원들을 찾아내 강제로 국회로 끌어냈어. 그러고는 경찰과 군대가 국회 회의장을 삼엄하게 경계하는 가운데 헌법 개정안에 대한 찬반 투표를 실시했어.

이런 억지를 동원한 끝에 대통령 직선제 헌법 개정안이 통과되었어. 이 과

버스째 끌려간 국회의원들
1952년 5월 26일, 이승만은 대통령 직선제에 반대하는 국회의원들을 협박하기 위해 그들이 타고 있던 통근 버스를 통째로 견인해서 헌병대로 끌고 가 27시간 동안이나 가두었다.

공개 표결로 대통령 직선제 개헌안을 통과시키는 국회의원들

정에서 대한민국의 민주주의는 큰 상처를 입었단다.

【 산수도 제멋대로 】

이승만은 국민들이 직접 대통령을 뽑는 직선제로 헌법을 바꿔 대한민국의 2대 대통령이 되었어. 그 무렵만 해도 국민들이 독립운동가였던 이승만에게 좋은 감정을 갖고 있던 데다, 이승만이 공무원과 경찰을 총동원해서 자기에게 유리한 선거 분위기를 만든 덕분이었어.

개정된 헌법에 따르면 대통령은 두 번까지만 할 수 있었어. 그런데 1954년, 2대 대통령 임기가 절반쯤 되자 이승만은 생각이 달라졌어. 계속 대통령을 하고 싶어졌던 거야. 그래서 이번에도 꾀를 냈어. 나라를 세운 위대한 공로가 있는 초대 대통령에 한해서 횟수와 관계없이 대통령을 할 수 있다는 조항을 집어넣은 헌법 개정안을 또 제출한 거야. 때마침 여당인 자유당 의원이 다수를 차지하고 있어서 이승만으로서는 한번 시도해 볼 만한 일이었지.

그런데 헌법 개정안은 전체 국회의원 가운데 3분의 2 이상이 찬성해야만 통과될 수 있었어. 이는 자유당으로서도 쉽지 않은 일이었어. 그때 국회의원의 수가 203명이었으므로, 최소한 136명의 찬성이 필요했어. 정확하게는 203명의 3분의 2는 135.333……인데, 사람 수에 소수점을 적용할 수는 없기 때문에 136명이 되는 거지.

그런데 여기에서 운명의 장난이 일어났어. 투표 결과 찬성 의원 수가 딱 135명이었거든. 찬성표가 135.333……을 넘어야 하기 때문에 아슬아슬하게 부결된 것이었지. 그러나 이승만은 포기하지 않고 자기에게 충성하는 학자들을 시켜 궤변을 늘어놓았어. 135.333……에서 소수점 이하를 반올림하면 135가 되므로, 135표로 이 안건은 가결된 것이라는 주장이었어.

이 주장은 누가 봐도 억지였지만, 이승만은 자신에게 충성하는 학자들을 내세워 옳다고 우기며 끝내 가결로 밀어붙였어. 그 무렵에는 반올림을 "4 이하는 버리고 5 이상은 올린다."는 뜻으로 '사사오입'이라고 했기 때문에 이 개헌을 '사사오입 개헌'이라고 해. 이는 두고두고 사람들 입에 오르내리는 정치 사기극이었어.

개헌은 억지로 밀어붙였지만, 그것을 지켜본 국민들이 다음번 대통령 선거 때 이승만을 다시 대통령으로 선택할지는 예측할 수 없었어. 과연 선거전이 시작되자 많은 국민들은 야당 후보인 신익희를 지지했어.

한강 변 백사장에서 열린 신익희의 유세에는 30만 명이나 되는 사람들이 구름처럼 몰려들

사사오입 개헌 통과에 항의하는 야당 의원

신익희 후보의 한강 변 유세 1956년 3대 대통령 선거에서 야당인 민주당은 신익희를 대통령 후보로 내세우고 "못 살겠다, 갈아 보자"라는 선거 구호로 유권자들의 마음을 움직였다. 한강 백사장에서 열린 신익희의 유세에는 30만 명이 몰려들어 선거 유세 사상 가장 많은 인파를 기록했다.

었어. 그 자리에서 신익희가 이승만의 장기 집권을 비판하며 "못 살겠다, 갈아 보자"라는 구호를 외치자 청중은 크게 호응해 주었어. 이 무렵 우리나라는 해방된 지 10년이 지났는데도 전쟁으로 온 국토가 쑥대밭이 되고 국민들의 살림살이는 세계에서 가장 가난한 나라의 꼴을 벗어나지 못하고 있었어. 그래서 민심은 이승만의 재집권을 찬성하지 않는 쪽으로 기울어 갔단다.

그런데 바로 그 순간, 운명의 여신은 또다시 우리나라에 등을 돌렸어. 신익희가 선거 유세를 위해 열차로 이동하다가 심장 마비로 세상을 떠난 거야.

민주당의 정·부통령 선거 유세 차량
신익희 대통령 후보와 장면 부통령 후보의 선거 포스터와 구호를 부착한 민주당의 유세 차량이다.

개발 독재의 시대

【 3권 분립이 무너지다 】

신익희 후보가 사망하는 바람에 이승만은 간신히 3대 대통령에 당선되었어. 그렇지만 이런 '행운'이 다음 선거에도 또 찾아올 거라는 보장은 없었어. 더구나 신익희가 사망하자 상당수 유권자들이 제3당인 진보당의 조봉암 후보에게 표를 주었거든. 이승만은 긴장하지 않을 수 없었지.

3대 정·부통령 선거 개표 상황 선거 결과 이승만이 504만 표를 얻어 대통령에 당선되었다. 신익희가 사망하는 바람에 갑자기 야당 후보로 떠오른 조봉암은 216만 표를 얻었다.

실제로 조봉암은 다음 선거에 출마하기 위해 활발하게 움직였고 국민들의 인기를 얻어 갔어. 그러자 위기감을 느낀 이승만은 조봉암이 아예 대통령 후보로 나서지 못하게 이번에도 변칙을 썼어. 그것은 조봉암을 법을 위반한 범죄자로 만드는 거였지. 이승만의 지시에 따라 검찰은 조봉암을 간첩 혐의로 체포했어. 조봉암이 선거 공약으로 내건 '평화 통일'은 북한의 주장과 같으므로, 조봉암이 북한과 내통한 간첩이 틀림없다는 거였어.

사실 조봉암이 내세운 '평화 통일'은 이승만의 정책과 정반대되는 주장이었어. 이승만은 6·25 전쟁 이래 줄곧 '북진 통일'을 외쳐 왔거든. 북한은 '평화롭게' 얼굴을 맞대고 대화할 상대가 아니기 때문에 군사력으로 북한을 무찔러 통일을 이룩해야 한다는 것이었지. 그래서 조봉암의 주장이 북한을 편드는 위험한 주장이라고 몰아붙였던 거야.

하지만 조봉암이 간첩 행위를 했다는 혐의를 구체적으로 밝힐 수 있는 증거는 별로 없었어. 그래서 1심 재판부는 간첩죄는 무죄로 판결하고, 적을 이롭게 했다는 국가 보안법 위반 혐의에 대해서만 유죄를 인정하여 5년 형을 선고했어. 이후 그 판결을 내린 판사는 이승만 정부가 동원한 폭력배의 위협에 시달려야 했고, 2심 재판은 법정 안팎에서 폭력 단체들이 조봉암을 간첩으로 처벌하라며 압박하는 살벌한 분위기 속에서 진행되었어. 결국 2심 판사는 1심을 뒤집고 조봉암에게 사형을 선

재판 받는 조봉암 이승만 정부는 조봉암이 북의 간첩과 내통하고 북한과 비슷한 통일 방안을 주장했다는 이유로 간첩 혐의를 씌워 구속했다. 조봉암은 사형이 확정되자마자 교수형에 처해졌다.

고했어. 대법원마저도 권력의 압력에 굴복해 사형을 확정했지. 게다가 보통은 사형이 확정되어도 일정한 기간 동안 집행하지 않는 것이 관례인데, 조봉암에게는 예외적으로 형이 확정되자마자 곧바로 사형을 집행했어. 이승만이 바라는 대로 대통령 선거에 후보자로 영영 나올 수 없게 한 거지.

　조봉암 사건은 이승만이 국회를 짓밟은 데 이어 법원마저도 권력의 하수인으로 만들었다는 것을 뜻했어. 제대로 된 민주주의는 국회, 법원, 정부 세 기관이 견제와 균형을 이루어야 해. 이것이 3권 분립의 원칙이지. 그런데 이승만은 대통령의 권력으로 3권 분립 원칙을 무너뜨렸어. 세상 사람들이 보기에 대한민국이 민주주의 국가라는 것이 의심스러울 지경이 된 거야.

　이제 다음번 선거는 아무도 이승만의 앞길을 막지 못하는 무법천지가 될 판이었지. 하지만 우리 국민들은 고난 속에서도 깨닫는 바가 있었어. 민주주의는 위에서 통치자가 그냥 베푸는 것이 아니라, 모든 국민이 나서서 부당한 권력에 맞서 싸워 얻어 내야 하는 것이라는 사실을 말이야.

키워드10 　4·19 혁명

민주주의 만세!

1960년 4월 26일, 이승만 대통령은 "국민이 원한다면 대통령직을 사임하겠다."는 담화문을 발표하고 대통령 자리에서 물러났어. 이로써 1948년 대한민국을 세우고 12년 동안 집권해 온 이승만은 국민의 힘에 의해 권좌에서 쫓겨난 불행한 지도자가 되었지. 이승만 정부를 무너뜨린 이 사건을 우리는 '4·19 혁명'이라고 부른단다.

【 무제한 대통령을 추구한 이승만 】

우리나라는 현재 대통령제를 채택하고 있고, 대통령의 임기는 5년이야. 그것도 단 한 번만 대통령이 될 수 있어. 우리가 이런 제도를 택한 이유는 지난 시절 장기 집권하며 독재를 일삼은 대통령들이 있었기 때문에 그것을 제도적으로 막기 위해서란다.

　현재 대통령제를 채택한 나라들은 대부분 대통령을 한 번 더 할 수 있게 하고 있어. 제대로 된 민주주의 국가 가운데 세 번까지 허락하는 나라는 거의 없지. 이런 제도를 누가 만들었는지 아니? 바로 미국의 초대 대통령인 조지 워싱턴이란다.

　북아메리카에는 17세기부터 영국 사람들이 건너가 살았는데, 곧이어 그곳은 영국의 식민지가 되었지. 그런데 시간이 지나면서 영국 이주민들은 본국의 속박에서 벗어나기 위해 독립운동을 벌였어. 독립운동을 이끈 지도자는 조지 워싱턴이었어. 그들은 드디어 영국과 독립 전쟁을 벌여 승리했고, 독립 국가 미국을 세웠어. 그리고 워싱턴을 초대 대통령으로 뽑았단다.

워싱턴은 4년 임기의 대통령을 연달아 두 번 역임했어. 세 번째 대통령 선거가 다가왔을 때도 미국 국민들은 워싱턴이 계속 대통령직을 맡아 주기를 바랐지. 그때는 대통령을 몇 번만 할 수 있다는 규정이 없었거든.

그러나 워싱턴은 대통령을 더는 하지 않겠다며 스스로 물러났어. 한 사람이 오랫동안 정권을 잡으면 독재를 하게 되고 민주주의를 위협할 수 있다는 것이 이유였지. 이후 대통령제를 채택한 국가에서는 워싱턴을 본보기 삼아 대부분 대통령직을 두 번까지만 맡는 것으로 제한하는 규정을 두게 되었단다. 물론 1948년에 수립된 대한민국도 마찬가지였지.

그런데 정작 미국 땅에서 살며 독립운동을 해 온 이승만은 워싱턴을 본받지 않았어. 이승만은 국회에서 대통령을 선출하는 제도를 통해 초대 대통령이 되었지. 그런데 두 번째 선거에서는 국회의원들이 자기를 대통령으로 뽑아 줄 것 같지 않자 헌법을 바꾸어서 국민들이 직접 뽑게 했어. 그래서 2대 대통령이 되었어. 이승만은 다음번에도 또 헌법을 바꾸어 초대 대통령인 자신만은 무제한으로 대통령이 될 수 있게 해서 결국 3대 대통령까지 되었지.

이때부터 국민들은 이승만의 장기 집권과 독재를 걱정하기 시작했어. 3대 대통령 선거에서 조봉암이라는 후보에게 적지 않은 표를 내준 것이 그 증거였지. 그러자 이승만은 조봉암에게 간첩 누명을 씌워 사형시켜 버렸어.

이승만 동상 이승만은 장기 집권과 독재를 정당화하기 위해 자신을 우상화했다. 학교에 자기 초상화를 걸게 하고, 생일에는 집집마다 태극기를 달게 했다. 지폐에도 이승만의 초상화가 인쇄되었고, 1956년에는 남산 중턱에 동상까지 세워졌다.

4대 정·부통령 선거 후보자 출마 포스터 1960년 정·부통령 선거에서 이승만은 민주당 조병옥 후보가 갑자기 죽는 바람에 단독으로 출마했다. 민주당 포스터에서 조병옥의 사진이 비어 있는 것이 눈에 띈다.

그리고 1960년, 네 번째 대통령 선거가 다가왔어. 이제 국민들은 이승만의 집권을 원하지 않는 것이 분명했어. 하지만 이승만과 그를 따르는 세력은 권력을 내놓을 생각이 전혀 없었어. 그렇다면 남은 방법은 뭐겠니? 옳지 않은 방법으로 선거를 조작하는 것밖에 없었지.

【 국민을 얕본 부정 선거 】

이승만 정부는 부정 선거를 지휘할 부서로 내무부를 선택했어. 내무부가 전국의 도, 시·군·구, 읍·면·동으로 이어지는 각급 행정 조직을 총괄하고 있으니, 그 공무원 조직을 곧바로 선거 운동 조직으로 활용하겠다는 발상이었지. 더구나 내무부는 경찰까지 지휘했기 때문에 경찰이 부정 선거를 눈감아 줄 수 있다는 이점도 있었어.

내무부 장관에 임명된 최인규는 먼저 전국의 동네마다 공무원 친목회를 조직하고, 관할 경찰서와 각 관공서의 주도로 공무원들을 매주 한 번씩 모이게 하여 체계적으로 부정 선거를 지시했어.

먼저 4할 사전 투표라는 게 있었어. 선거 당일 개인 사정으로 기권할 것이 확실한 표, 돈으로 매수하여 기권하게 만든 표, 선거인 명부에 미리 허위로 기재해서 만들어 둔 표 등을 합해 해당 지역 유권자의 40퍼센트에 해당하는 투표용지를 확보한 다음, 미리 이승만 이름 밑에 동그라미 표시를 하여 투표함에 넣어 두는 거야. 이는 공무원들이 투표함을 관리했기 때문에 쉬운 일이었지. 사전 투표가 뜻대로 안 될 때는 투표함을 수송하는 도중에 4할 사전 투표를 해 둔 투표함과 바꾸게 했어. 그것도 안 되면 투표가 끝나고 개표할 때 개표 요원들이 다른 후보의 표를 이승만 표로 바꿔치기하는 방안까지 마련해 두었지.

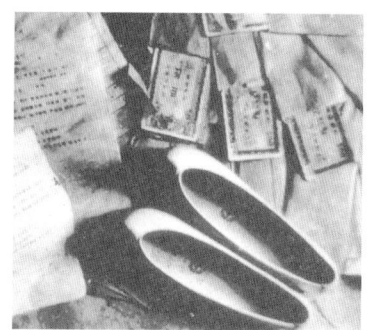

부정 선거
자유당은 표를 얻기 위해 이승만과 이기붕에게 미리 기표를 하게 하거나 유권자들에게 고무신, 막걸리, 돈 같은 금품을 무차별로 뿌려 댔다. 이처럼 부정 선거를 한 결과 실제 투표수보다 후보들의 득표수가 더 많이 나오자, 자유당은 증거를 없애기 위해 투표함을 통째로 불태우기도 했다.

불에 타다 남은 투표함을 들여다보는 아이들

그래도 이승만 정부는 안심할 수 없었어. 그래서 고안해 낸 것이 3인조 또는 5인조 공개 투표란다. 이승만을 찍도록 미리 짜 놓은 유권자를 조장으로 삼아서 3명이나 5명으로 조를 꾸린 뒤, 각 조장이 자기 조에 속한 사람들이 투표용지에 이승만을 찍었는지 아닌지 확인한 다음 투표함에 넣게 하는 방법이야. 많은 선량한 국민들은 이승만 정부의 보복이 두려워 이러한 불법적인 공개 투표에 별다른 저항을 하지 못했단다.

심지어 완장 부대라는 것도 있었어. 이승만 쪽 유권자들에게 '자유당'이라고 적은 완장을 두르고 다니며 공포 분위기를 만들게 했어. 일제 강점기와 6·25 전쟁을 겪으면서 국민들은 완장을 찬 사람들 앞에서는 제대로 기를 펴지 못했거든. 유권자들이 이승만에게 투표하도록 심리적으로 압박하는 전술이었지.

3인조·5인조 투표 행렬 1960년 3월 15일, 유권자들이 4대 정·부통령 선거 투표를 하기 위해 3명 또는 5명씩 짝을 지어 투표소로 향하고 있다. 각 조의 조장들은 투표소에서 조원들이 제대로 기표했는지 투표용지를 확인한 뒤, 투표함에 넣게 했다.

【 민주주의의 불길이 타오르다 】

이승만 정부는 이렇게 부정 선거를 준비하는 한편으로, 어떻게 해서든 국민들의 눈이 야당 후보에게 쏠리지 못하게 했어. 그 가운데 하나가 2월 28일 대구에서 일어난 일이었어. 이날은 일요일이었는데, 야당인 민주당이 수성천 변에서 대규모 군중을 불러 모아 선거 유세를 할 예정이었지.

이날 유세할 사람은 부통령 후보 장면이었어. 국민들 사이에서는 이승만이 대통령이 되는 것은 어쩔 수 없다 해도 부통령만은 야당 후보를 뽑아야겠다는 여론이 일고 있었어. 지난 선거에서 신익희 후보가 유세 기간에 갑자기 쓰러져 죽은 데 이어 이번 선거에서도 민주당 대통령 후보였던 조병옥이 2월 15일 병으로 사망했거든. 민주당의 대통령 후보가 잇달아 선거 운동 중에 죽으니까 국민들의 동정심이 민주당으로 향했던 거야. 특히 젊은 층이 민주당의 지지 세력이 되고 있었지.

상황이 이렇게 되자 이승만 정부는 온갖 방법을 동원해 대구 시민들이 이날 유세에 참가하지 못하게 막았어. 심지어는 일요일인데도 고등학생들을 등교시켜 유세장에 못 가게 했단다. 하지만 이러한 꼼수를 학생들이 모를 리 없었지. 강제로 등교한 학생들은 일요일에 등교하는 것은 부당하다며 학교에 따지고 거리로 쏟아져 나가 시위를 벌이기 시작했어. "학생을 정치에 이용하지 말라."고 외치면서 시내 중심가로 향했지.

이후 3월 15일 선거일이 될 때까지 서울, 대전, 부산, 수원

등교 거부 시위를 벌이고 있는 대구 경북 고등학교 학생들

개발 독재의 시대 91

등 전국의 도시로 시위가 번져 나갔어. 이승만 정부가 부정 선거를 꾀하고 있다는 사실은 이제 더는 감출 수 있는 비밀이 아니었던 거야.

하지만 이승만 정부는 짜 놓은 각본대로 부정 선거를 치렀어. 그 결과 이승만과 이기붕이 압도적인 지지율로 각각 대통령과 부통령에 당선되었지.

국민들은 이러한 선거 결과가 수많은 부정으로 얻어졌다는 것을 알고 있었어. 민주당의 지역 조직들도 이러한 선거는 하나 마나라는 것을 깨닫고 투표일 당일부터 전국 곳곳에서 투표 거부를 선언하고 시위에 들어갔어.

그 가운데 마산시도 포함돼 있었어. 투표일 아침 민주당 마산시 지부가 투표 거부를 선언하자, 수많은 시민들이 거리로 나와 "부정 선거 다시 하라!"고 외쳤어. 경찰이 출동해 시위를 막아 보려 했지만 성난 군중을 막을 수는 없었지. 결국 경찰이 총을 쏘며 강경하게 진압하면서 여러 명의 사망

3·15 부정 선거 규탄 마산 시위 1960년 3월 15일, 부정 선거가 자행되자 마산의 수많은 학생과 시민들은 부정 선거를 규탄하는 시위를 벌였다. 두 차례에 걸친 마산 시민들의 항거는 그 뒤 4·19 혁명의 도화선이 되었다.

자가 나오기에 이르렀어.

 마산 사태 소식이 전국에 퍼지면서 학생들을 중심으로 시위는 더욱 늘어났어. 그러던 중 4월 11일 마산 앞바다에 참혹한 시체 한 구가 떠올랐어. 이제 막 마산 상업 고등학교에 입학한 17세 소년 김주열의 시체였어. 그의 왼쪽 눈에는 최루탄이 박혀 있었지. 시위 도중 최루탄에 맞아 죽은 그를 경찰이 숨기기 위해 바다에 던져 버렸던 거야.

 김주열은 참혹하게 죽었지만, 그는 자신의 죽음으로 민주주의를 살렸어. 김주열의 시신을 본 국민들은 더는 이승만 정부를 내버려 둘 수 없다고 생각했지. 전국에서 "이승만은 물러가라!"고 외치는 시위가 들판에 번지는 불길처럼 활활 타올랐어.

 시위 열기는 수도 서울을 휘감았어. 4월 19일에는 대학생들이 교문을 박차고 거리로 나섰고, 고등학생들도 시위에 가담했어. 시위대는 대통령이 머무는 경무대(오늘날의 청와대)로 향했지. 경무대를 지키던 경찰과 군인들의 총격으로 많은 젊은이들이 쓰러졌지만 시위 대열은 멈추지 않았어.

경무대 앞 시위 1960년 4월 19일, 서울에서 약 3만 명의 시위대가 이승만 대통령과의 면담을 요구하며 경무대로 향하자, 경찰이 시민들을 향해 총을 쏘아 많은 사람들이 다치고 100여 명이 사망했다.

이날 정부는 계엄령을 선포하고 비상 체제에 들어갔지만, 사태는 이미 수습할 수 없는 지경에 이르렀어. 이승만도 국민의 분노가 엄청난 것을 보고 이제는 대통령 자리를 지킬 수 없다는 사실을 깨달았어.

4월 26일, 이승만은 "국민이 원한다면 물러가겠다."는 성명을 발표하고 대통령 자리에서 물러났어. 대한민국 정부 수립 이후 12년에 걸친 이승만의 장기 집권이 드디어 막을 내리는 순간이었지.

탱크 위에서 환호하는 시민들 1960년 4월 26일, 계엄군의 탱크를 점령한 시민들이 이승만이 물러난다는 소식을 듣고 환호하고 있다.

시위에 참가한 초등학생들과 교수들
4·19 혁명은 초등학생부터 고등학생, 교수, 시민에 이르기까지 남녀노소와 계층을 가릴 것 없이 온 국민이 참여한 민주 혁명이었다.

지난 100년의 역사를 되돌아보면, 우리 민족은 조선 왕조가 몰락한 뒤 제 힘으로 근대 사회를 이루지 못하고 일본의 지배를 받았어. 그리고 35년 만에 비로소 해방을 맞았지만 그토록 바라던 독립 국가를 세우기도 전에 좌우로 나뉘어 싸우다가 분단이 되고, 심지어 수백만 명이 죽고 다치는 전쟁까지 겪었지. 그런 고난 속에서도 우리 민족은 이제나저제나 민주주의를 고대해 왔어.

철거되는 이승만 동상 이승만이 대통령에서 물러나자 남산에 세워졌던 그의 동상도 시민들의 손에 끌어 내려졌다.

4·19 혁명은 그러한 소망이 한꺼번에 터져 나온 대폭발이었어. 이승만이 의도한 바는 아니었지만, 그가 한사코 민주주의를 거스름으로써 오히려 민주주의를 향한 우리 민족의 열망을 더욱 뜨겁게 달구어 주었던 셈이지. 참 모순된 것 같지? 역사란 본디 이렇게 모순 덩어리인지도 모른단다.

국립 4·19 민주 묘지 4·19 혁명 때 민주주의를 위해 이승만 독재 정권에 맞서 싸우다가 희생당한 사람들이 잠들어 있는 곳이다. 서울 수유동에 있다.

키워드 II   5·16 군사 쿠데타

박정희, 군사 독재 시대를 열다

4·19 혁명이 일어난 지 겨우 1년이 지난 1961년 5월, 이승만 정부를 무너뜨리고 세운 제2공화국은 일부 군인들이 일으킨 반란에 허무하게 무너지고 말았어. 군인들이 반란을 일으켜 정부를 무너뜨리는 것을 '쿠데타'라고 해. 쿠데타의 주인공은 박정희 소장과 김종필 대령 등이었지. 이들은 왜 쿠데타를 일으켰을까? 그리고 그 쿠데타가 그토록 쉽게 성공한 이유는 무엇일까?

【 신흥 독립국과 군인 】

이승만을 중심으로 운영돼 오던 정치 환경은 4·19 혁명으로 크게 바뀌었어. 우선 국회는 헌법을 개정하여 대통령 중심제에서 내각 책임제로 바꾸었어. 이승만의 12년 독재에 시달린 경험에 비추어 계속 대통령제를 시행했다가는 언제 또 제2의 이승만이 나타날지 모르니, 아예 대통령제 자체를 없애고 국회에서 다수를 차지한 정당이 국가의 운영을 책임지는 내각 책임제를 채택한 거야. 이로써 이승만이 통치하던 시기를 제1공화국이라 이름 붙이고, 새로운 내각 책임제 체제를 제2공화국이라고 불렀지.

새로 총선거를 한 결과 제2공화국의 첫 집권당은 민주당이 되었어. 실권을 쥔 국무총리는 장면이 맡았고, 나라를 대표하는 상징적인 자리인 대통령에는 같은 민주당의 윤보선

장면 총리와 윤보선 대통령 4·19 혁명으로 대통령 중심제에서 내각 책임제로 바뀐 제2공화국에서는 민주당이 집권했다. 왼쪽이 장면 국무총리이고, 오른쪽이 윤보선 대통령이다.

이 선출되었어.

　민주당 내각에 맡겨진 임무는 이승만이 망가뜨려 놓은 민주주의 제도를 다시 튼튼하게 일으켜 세우는 것이었어. 이와 함께 6·25 전쟁 뒤의 잿더미 속에서 가난에 시달리는 국민들을 위해 하루빨리 경제를 일으켜야 했어.

　그런데 민주당 정부는 민주주의와 경제 성장이라는 두 가지 임무를 수행하는 데서 확고한 지도력을 보여 주지 못했어. 민주당이 헌법에 보장되어 있는 집회, 결사, 언론의 자유를 최대한 보장해 주자 하루가 멀다 하고 시위가 벌어졌어. 그동안 이승만 정부에 억눌려 있던 민주화의 열망이 화산처럼 폭발했던 거야.

　하지만 언뜻 보면 혼란스러운 것 같아도 그런 현상은 민주주의가 발전해 가는 자연스러운 과정으로 볼 수 있는 것이었어. 문제는 민주당 정부가 그러한 집회와 시위에서 터져 나온 국민들의 불만을 정치의 영역 안으로 받아들이고 조절하는 지도력을 발휘하지 못했다는 데 있었지.

　특히 4·19 혁명을 주도한 청년 학생들은 아직 혁명은 끝난 것이 아니며, 분단된 남과 북이 다시 통일될 때 비로소 혁명이 성공하는 것이라고 주장했어. 그래서 그들은 통일을 위해 자기들이 직접 나서겠다고 했어. 청년 학생들은 "가자 북으로! 오라 남으로!"라는 구호가 적힌 현수막을 들고 거리로 나왔지.

　학생들이 이처럼 통일 운동에 나서자 민주당은 곤란한 처지에 놓이고 말았어. 민주당 의원들 상당수는 처음에는 이승만을 지지하다가 이승만과 갈등이 생기자 갈라져 나와 야당을 세운 이들이었어. 사회주의에 극력 반대하는 반공주의자들이기도 했지. 자연히 이들은 청년 학생들의 주장을 억누르고 집회와 시위를 제한하려고만 들었어. 그러자 국민들은 점차 민주당 정부에 실망하게 되었어.

2대 악법 반대 시위 민주당이 봇물처럼 터져 나오는 통일 운동을 막기 위해 반공법과 데모(시위) 규제법을 제정하려 하자, 진보 세력과 학생들은 이를 2대 악법으로 규정하고 반대 투쟁을 벌였다.

한편 민주당 정부는 국민의 열망에 따라 경제를 일으켜 세울 정책을 계획했지만 제대로 실천하지 못했어. 윤보선 대통령과 장면 총리를 중심으로 각각 파벌을 나누어 다투느라 정책을 착실하게 실천할 여유가 없었기 때문이야.

이래저래 국민들의 살림살이는 점점 더 어려워지기만 했어. 그런데도 민주당이 집안싸움에만 골몰하자 1961년에 들어서면서부터 사람들 사이에는 민주당 정부가 오래가지 못할 것이라는 소문이 돌았어. 언론에서는 '4월 위기설'이니 '5월 위기설'이니 하며 불안한 민심을 전했지.

위기설의 주인공은 군부였어. 군인들이 나서서 민주당 정부를 무너뜨리고 강력한 지도력으로 질서를 바로잡을 것이라는 얘기였지. 소문으로만 돌던 군부 개입설은 마침내 5월 16일, 현실이 되었어. 박정희 소장과 김종필 대령 등이 주동이 된 군부가 출동해 정부를 점령한 거야.

왜 군인인 박정희가 나서야 했을까? 물론 박정희 자신에게 권력욕이 있었다고도 볼 수 있지만, 눈을 넓혀 세계사를 바라볼 필요가 있단다.

대한민국은 2차 세계 대전이 끝난 뒤 전후 문제를 처리하는 과정에서 생겨난 국가야. 세계적으로는 1차 대전과 2차 대전을 겪으면서 이전에 강대국의 식민지였던 많은 나라들이 독립했지. 그런데 이런 신생 독립국들은 나라를 운영하는 데 어려움이 많았어. 선진국들처럼 안정된 정치를 하고 싶지만, 그런 방향으로 나라를 이끌 능력 있는 집단이 없었기 때문이야. 사회에서 지식과 능력을 갖춘 이들은 대부분 식민지 시대에 식민 종주국에 빌붙어 지낸 경력이 있기 때문에 국민들에게 믿음을 잃었지.

상대적으로 능력이 있는 집단은 직업 군인들이었어. 이들에게는 군인으로서 나라를 지킨다는 자부심이 있었어. 뿐만 아니라 이들은 근대적인 교육까지 받았지. 특히 지휘관들은 집단을 이끄는 지도력 훈련까지 받았어.

이런 군인들 가운데 자신의 지식과 능력으로 나라의 운영을 맡아 최대한 빠른 시일 안에 자기 나라를 선진국 수준으로 끌어 올리겠다고 생각하는 이들이 생겼어. 이러한 배경에서 신생 독립국의 군인들이 정치에 개입하기 시작했어. 터키에서는 아타튀르크, 이집트에서는 나세르 같은 군인이 쿠데타를 감행해 군사 정부를 세웠단다.

박정희도 바로 그런 군인 가운데 한 사람이었어. 박정희는 일제 강점기에 일본의 육군 사관 학교를 졸업하고 일본군 장교가 된 인물이야. 당시 일본 육군 사관 학교는 일본에서도 가장 수준 높은 교육 기관이었으므로 박정희 역시 최고 엘리트에 속했다고 볼 수 있지.

해방이 되자 국군 군복으로 갈아입은 박정희는 자신의 지식과 능력을 새 나라를 세우는 데 쓰고 싶었어. 그래서 해방 직후 한때 사회주의 세력이 기세를 떨칠 때는 공산주의 조직에 가담하기도 했어. 그러나 이승만이 반공을 내세우며 대한민국을 수립하자 박정희도 반공으로 이념을 바꾸었지. 하지만 자신이 국가를 운영하겠다는 야심만은 바꾸지 않았어.

【새벽의 쿠데타, 장애물은 없었다】

민주당 정부가 지도력을 잃고 휘청거리는 상황을 지켜보던 박정희는 자신과 뜻을 함께할 사람들을 모으며 차근차근 쿠데타 계획을 세웠어. 그리고 마침내 1961년 5월 16일을 거사 날로 잡았지.

5월 16일 새벽 3시, 박정희는 김포에 주둔하고 있던 해병 여단과 공수 부대를 이끌고 서울로 진격했어. 포천에 주둔하고 있던 6군단 포병 부대도 의정부를 거쳐 서울로 향하게 했지. 그 밖에 쿠데타에 가담한 몇 개 사단도 서울로 속속 모이기 시작했어.

박정희가 이끄는 부대는 일단 한강 인도교에서 다리를 지키던 헌병에게 막혔어. 헌병이 갑작스런 군대 출동에 깜짝 놀라서 저지하자, 이들은 총격

쿠데타 당시의 박정희 1961년 5월 16일, 박정희 소장이 서울 시청 앞 광장에서 쿠데타 현장을 진두지휘하고 있다. 가운데에 선글라스를 낀 사람이 박정희이고, 왼쪽이 박종규 소령, 오른쪽이 차지철 대위이다.

전을 벌인 끝에 가볍게 물리치고 돌파했어. 서울로 진입한 3,500명 규모의 쿠데타군은 미리 계획한 대로 방송국과 정부 청사, 국회 의사당 등을 점령했어. 그러고는 방송을 내보내 자신들의 뜻을 다음과 같이 알렸어.

"친애하는 애국 동포 여러분! 은인자중하던 군부는 오늘 새벽을 기해 일제히 행동을 개시, 국가의 행정·입법·사법의 3권을 완전히 장악하고 이어서 군사 혁명 위원회를 구성하였습니다. 군부가 궐기한 것은 부패하고 무능한 현 정권과 기성 정치인들에게 조국을 맡겨 둘 수가 없다고 단정하고 백척간두에서 헤매고 있는 조국의 위기를 극복하기 위해서였습니다."

【 쿠데타가 성공하기까지 】

그런데 쿠데타군이 들이닥쳤을 때 민주당 정부의 대응은 참으로 한심했어. 장면 총리는 서울의 반도 호텔(지금의 롯데 호텔)에 마련된 관저에 머물고 있었는데, 군인들이 쳐들어온다는 소식을 듣고는 허겁지겁 미국 대사관으로 도망갔어. 미국 대사관에서 받아 주지 않자 혜화동에 있는 가톨릭 외국인

수녀원인 갈멜 수도원으로 숨어들었지. 정부 각료와 민주당 정치인들이 장면 총리를 찾으려고 애썼지만 아무도 그를 찾아낼 수 없었어. 한 나라의 운명을 책임지고 있던 총리로서 도저히 할 수 없는 창피한 행동을 한 거야. 장면은 수녀원에 사흘 동안이나 숨어 있었단다.

박정희가 일으킨 군사 쿠데타에 가장 신속하게 대응한 곳은 외국 군대인 유엔군 사령부였어. 미군으로서 유엔군 사령관을 맡고 있던 매그루더 대장은 사태를 심각하게 받아들였어. 그때는 유엔군 사령관이 한국군을 지휘하고 있었거든. 따라서 당시 한국군 소장이었던 박정희의 행동은 명백한 반란이었지. 매그루더 사령관은 급히 장면 총리를 찾았지만 도대체 어디에 있는지 찾을 수가 없었어.

다급해진 매그루더는 윤보선 대통령을 찾아갔어. 그런데 윤보선은 매그루더가 이해할 수 없는 태도를 보였어. '박정희의 반란은 반대하지만, 군부대를 출동시켜 진압하는 것도 반대한다. 우리 군대끼리 전투를 벌이는 것은 안 된다.'는 주장이었어. 윤보선은 쿠데타가 실패하든 성공하든 대통령 자리는 지키겠다는 속셈으로 양다리를 걸친 거였지.

매그루더는 마지막으로 장도영 육군 참모 총장을 찾았어. 쿠데타군은 3,500명밖에 안 되기 때문에 장도영 총장 아래에 있는 부대를 출동시키면 진압하는 데 문제가 없다고 판단한 거야.

그런데 장도영도 윤보선 대통령과 똑같은 태도를 보였어. 사실 장도영은 쿠데타가 일어날 것을 미리 알고 있었어. 박정희 쪽에서 그에게 쿠데타 지도자가 되어 달라고 요청했었거든. 그때도 장도영은 어정쩡한 태도를 보였어. 쿠데타가 실패하면 책임을 지는 게 싫었고, 성공한다면 쿠데타군에게 제거당할 것이 걱정되었기 때문이야. 실제로 5월 16일 아침 쿠데타 세력이 이른바 '군사 혁명 위원회'라는 것을 발표할 때 그 의장 이름에 장도영이 올랐어. 박정희의 부탁을 받아들여 쿠데타 세력의 얼굴이 되어 준 거야.

【 미국의 인정을 받다 】

박정희 소장이 일으킨 군사 쿠데타는 피를 거의 흘리지 않고 정부를 접수하는 데 성공했어. 결과를 놓고 볼 때 박정희 앞에 군이나 정부는 장애물이 아니었어. 군과 정부는 오히려 마치 이런 때가 오기를 기다렸다는 듯이 박정희에게 다 내주었지.

박정희는 군사 혁명 위원회를 '국가 재건 최고 회의'라는 조직으로 바꾸어 모든 국가 권력을 이곳에 집중시켰어. 3권 분립은 완전히 무시한 채 군인 박정희의 1인 지배가 시작된 거야.

쿠데타 세력이 넘어야 할 진짜 장애물은 국민의 여론과 미국이었어. 쿠

조직 폭력배의 시가행진 박정희가 이끄는 국가 재건 최고 회의는 국민의 여론을 자신들에게 좋게 하기 위해 가장 먼저 폭력배 소탕에 나섰다. 그러고는 전시 효과를 위해 폭력배 두목 이정재를 비롯한 200여 명의 폭력배에게 시내를 행진하게 했다.

개발 독재의 시대 103

데타군이 정부를 접수하고 일체의 정치 활동을 금지한 것은 명백히 헌법을 위반한 행동이었어. 따라서 많은 시민들, 특히 4·19 혁명의 주역이었던 청년 학생들에게 쿠데타는 민주주의가 후퇴했다는 것을 뜻했어.

그렇게 생각하는 이들이 많았지만, 당장 쿠데타에 맞서 싸우겠다고 나서는 이들은 거의 없었어. 민주당 내각에 실망하고 있던 참에 박정희가 터키의 아타튀르크나 이집트의 나세르 같은 인물일지도 모른다는 기대감 때문이었지. 군인의 강력한 지도력을 바탕으로 빠른 기간에 나라를 개혁할 수 있다는 희망 말이야.

한편 미국은 민주적인 절차를 거쳐 선출된 민주당 내각에 불만이 없었어. 민주당은 4·19 혁명을 주도한 과격한 세력도 아닌 데다 미국에 반대하는 정책을 펴지도 않았거든. 오히려 민주당은 지지 기반이 약했기 때문에 미국의 지지와 지원에 목매는 처지였어. 따라서 미국은 그러한 민주당 정부를 뒤엎는 쿠데타를 지지하지 않았어.

그렇지만 미국 역시 민주당의 지도력이 약해서 다시금 시민 혁명으로 무너지지 않을까 걱정하던 참이었어. 이런 점을 잘 알고 있던 박정희는 쿠데타 당시 자기는 미국 편이며, 공산주의에 강력히 반대한다는 뜻을 미국에 분명히 밝혔어. 안심하고 자기를 지지해 달라는 의사 표시였지.

미국은 사태의 흐름을 지켜보다가 정부도 군부도 쿠데타에 저항하지 않고, 국민들도 반대하지 않으며, 쿠데타 세력 스스로 반공을 내세우는 것을 보고는 박정희 세력의 집권을 인정하는 쪽으로 움직였어. 사실 제 나라 정부를 스스로 지키지 않는데 외부에서 지켜 주기를 바라는 것은 무리였지.

이렇게 박정희가 일으킨 쿠데타는 순조롭게 성공을 거두었어. 그 뒤 국가 재건 최고 회의는 1963년까지 2년 동안 비상사태로 나라를 운영했어. 이들은 쿠데타 당시 발표한 혁명 공약 마지막 항에서 "우리의 과업이 이루어지면 참신하고도 양심적인 정치인들에게 언제든지 정권을 넘겨주고 우리들 본연의 임무로 돌아가겠다."고 했어.

그러나 1963년 박정희는 비상사태를 끝내면서 군을 제대하고 민간인 신분이 되어 대통령 선거에 출마해 당선되었어. 약속을 어긴 것이지. 이후 박정희는 1979년까지 장기 집권을 하며 독재 정치를 폈단다.

5대 대통령 취임식 1963년 5대 대통령 선거에 출마하여 당선된 박정희가 대통령 취임식에서 취임 연설을 하고 있다.

5·16 군사 쿠데타는 불과 50여 년 전에 일어난 사건이야. 그래서 우리 사회에는 이것을 과거의 역사라기보다 지금 벌어지고 있는 현실로 생각하는 사람들이 많아. 그 가운데는 쿠데타를 극단적으로 지지하는 이들도 있고, 반대로 극단적으로 반대하는 이들도 있어. 현재의 관점에서 옳고 그름을 따진다면, 국민이 선출한 정부를 총칼로 무너뜨린 군사 쿠데타는 명백한 헌법 파괴 행위야. 그런 일이 다시는 일어나선 안 되지.

하지만 그 정도에서 그치는 것은 역사를 지혜롭게 바라보는 자세라고 할 수 없어. 우리는 1392년에 이성계가 일으킨 위화도 회군을 대하듯이 5·16 군사 쿠데타도 역사로서 바라볼 필요가 있단다. 5·16 쿠데타가 왜 일어나게 되었으며, 그 때문에 어떠한 변화가 일어났는지 냉정하게 분석해 봐야 한다는 말이지. 쿠데타를 일으킨 것은 박정희지만, 쿠데타를 성공시킨 것은 그가 들고 나온 총이 아니라 1961년 시점의 우리 역사이기 때문이야.

키워드 12   한·일 회담과 베트남 파병

미국에 충실한 동맹국

박정희 정부는 지지 기반이 약했어. 5·16 군사 쿠데타는 4·19 혁명처럼 온 국민의 지지를 받은 혁명과는 명백히 달랐거든. 또 하나 중요한 것은 미국의 지지도 확실하지 않았다는 사실이야. 따라서 박정희는 미국의 인정을 받기 위해 온갖 정성을 쏟았어. 박정희가 미국의 신임을 받기 위해 펼친 정책 가운데 대표적인 것이 한·일 회담과 베트남 파병이었단다.

【 냉전 덕분에 다시 일어선 일본 】

새로 세운 나라 대한민국에 미국은 어떤 존재였을까? 한마디로 말하면, 미국은 대한민국 정부를 떠받쳐 주는 후견인과 같았어. 2차 세계 대전에서 일본을 패망시키고 한반도를 접수했으며, 해방 후 정치적으로 혼란했을 때 이승만 세력이 남한만의 단독 정부를 세우도록 도왔지. 6·25 전쟁에서 부산까지 밀려 벼랑 끝에 선 이승만 정부를 구출해 준 것도 미국이었어.

그런 미국이 5·16 군사 쿠데타가 일어났을 때는 박정희 세력을 선뜻 지지하지 않았어. 오히려 그들이 공산주의 세력이 아닐까 의심했지. 박정희가 해방 후 잠시 공산주의 활동에 가담한 적이 있기 때문이야. 이런 상황이었던 만큼 박정희에게는 미국의 신임을 받는 것이 아주 중요했어. 그래서 박정희는 미국의 뜻에 따라 한·일 회담을 적극적으로 추진하고, 베트남과 전쟁을 벌인 미국을 돕기 위해 베트남에 군대를 보냈단다.

한·일 회담은 이미 1951년부터 이승만 정부가 추진해 왔던 일이야. 일본이 패망했다고는 하지만 어디까지나 미국 등 연합국에 대해 항복 선언을 했을 뿐, 1951년 이전까지 우리나라와는 아무 대화도 없었어. 전후 문제를 처리하기 위한 회담과 조약이 있어야 했기에 회담이 시작된 것이었지.

사실 전후 문제를 처리하기 위한 강화 회담은 1951년에 미국과 일본 사이에서 먼저 이루어졌어. 두 나라는 그해에 샌프란시스코에서 강화 조약을 맺었지. 그런데 이 조약을 맺을 때 미국은 처지가 다급했어. 2차 세계 대전에서 연합국으로 협력했던 소련과 날이 갈수록 사이가 벌어지고 있었거든. 사회주의 진영을 대표하는 소련과 자본주의 진영을 대표하는 미국 사이에 냉전 상태가 점점 더 깊어진 거지.

이러한 냉전 상황에서 미국은 아시아에서 사회주의 세력의 확장을 어떻게든 막아야 할 처지였어. 이미 중국이라는 거대한 나라가 사회주의 세력에 편입되었기 때문에 태평양 건너 미국은 불리한 위치에 놓여 있었지. 그래서 미국은 일본, 필리핀, 동남아시아로 이어지는 지역을 사회주의 진영에 대한 방어선으로 삼기로 했어.

상황이 이렇다 보니 패전국 일본은 이제 미국의 중요한 동맹국으로 변신하게 되었어. 미국은 일본에 어떠한 전쟁 배상금도 물리지 않기로 했고, 일본의 주권을 완전히 보장해 준다고 했어. 그 대신 미국의 충실한 동맹국이 될 것을 일본에 요구했지. 일본으로서는 전쟁에 졌으면서도 패전국답지 않게 당당할 수 있는 기회가 찾아온 거야.

샌프란시스코 강화 조약 연합국과 패전국인 일본이 맺은 평화 조약이다. 이 조약의 체결로 일본은 미국의 동맹국이 됐지만, 대한민국을 비롯해 일본의 침략으로 피해를 입은 아시아 각국의 전후 보상 문제나 일본과의 국교 정상화 문제는 해결되지 않아 이후 외교 분쟁의 원인이 되었다.

개발 독재의 시대 107

그러자 일본에 점령당했던 아시아 국가들은 반발했어. 미국과는 처지가 다른 그들은 일본과 별도의 강화 조약을 맺어 일본이 입힌 피해에 대한 배상을 받아 내겠다고 했어. 그렇게 해서 필리핀, 인도네시아, 베트남, 미얀마가 모두 2억 달러에서 4억 달러에 이르는 배상금을 받아 냈어.

물론 한국도 그런 나라에 속해 있었어. 그런데 한국은 그 가운데 가장 오랫동안 일본의 지배를 받았기 때문에 배상 수준이 훨씬 높아야 했어. 하지만 일본은 미국의 정책 변화를 알고 있기 때문에 한국의 요구가 지나치다며 버텼어. 하루빨리 일본과 한국이 국교를 맺어 동아시아 반공 동맹을 형성해 주기를 바라고 있던 미국으로서는 답답한 상황이었지.

【 '굴욕' 비판 받은 한·일 회담 】

이런 상황에서 들어선 박정희 정부는 미국의 요구를 들어주어 신뢰를 얻어 내기로 했어. 그것은 바로 빠른 시일 안에 한·일 회담을 매듭지어 한국과 일본 두 나라가 국교를 맺는 것이었지.

한국과 일본 사이에 가장 날카롭게 부딪치고 있던 문제는 식민지 지배에 대한 일본의 사과와 배상금 문제였어. 우리나라는 1910년 '한·일 합병 조약'을 비롯해 그 이전에 일본과 맺은 모든 조약이 일제의 강압에 의한 것이므로 불법이며 무효라고 주장했지. 일본이 이 사실을 인정하는 것이 진정한 사과의 출발점이라는 것이었어.

이에 반해 일본은 1945년 일본이 패전하기 전까지의 모든 조약은 한국과 일본이 합의해서 맺은 합법적인 조약이라고 주장했어. 다만 일본이 전쟁에 패한 1945년부터 그 조약들이 무효가 되었다는 것이었지. 일본이 이렇게 주장한 이유는, 그렇게 되면 식민지 지배에 따른 배상금을 지불할 의무가 없어지기 때문이야. 그래서 배상금 액수를 놓고도 한국과 일본은 전혀 다른 주장을 폈지.

1965년 박정희 정부는 정치적 결단을 내려 일본과 이렇게 대립해 오던 문제를 타결했어. 두 나라는 "1910년 8월 22일 및 그 이전에 대한 제국 대 일본 제국 간에 체결된 모든 조약 및 협정이 이미 무효임을 확인한다."고 함으로써 식민지 지배와 관련된 문제를 해결했어. 그런데 앞의 협정문은 한국은 한국의 처지에서, 일본은 일본의 처지에서 서로 다르게 해석할 여지가 있는 모호한 문장이야. 즉 '이미'라는 표현을 어떻게 해석하느냐에 따라 의미가 달라져. 우리는 1910년의 시점에서 '이미'라고 해석한 반면, 일본은 1945년의 시점에서 '이미'라고 해석했지. 지금도 한국과 일본 두 나라는 이 문구를 놓고 서로 다른 주장을 펴고 있단다.

문제는 그것으로 끝나지 않았어. 강제 징용, 군 위안부, 원폭 피해자, 재일 교포의 지위, 독도 영유권 등 해결해야 할 숱한 문제들이 일본 앞에 놓여 있었는데, 그 어느 하나도 한·일 협정에 명시되지 않았어. 지금도 일본은 이런 문제가 제기될 때마다 "그것은 1965년 한·일 협정 때 이미 끝내기로 한 문제"라며 외면하고 있어. 그 꼬투리를 박정희가 마련해 준 거지.

한·일 협정 조인식 1965년 6월 22일, 일본 수상 관저에서 한국과 일본의 대표가 참석한 가운데 한·일 협정이 정식으로 조인되었다. 이로써 한국은 1905년 을사조약으로 일본에 외교권을 빼앗긴 지 60년 만에 다시 국가 대 국가 차원에서 일본과 외교 관계를 회복했다.

한·일 회담 반대 시위 1964년 3월, 박정희 정부가 한·일 회담을 본격적으로 추진하려 하자, 서울의 시위를 기점으로 전국에서 한·일 회담 반대 투쟁이 일어났다.

배상금은 우리 국민이 일반적으로 생각한 것보다 훨씬 적은 액수인 3억 달러를 10년에 걸쳐 나누어 받기로 했어. 그 액수가 너무 적었던지, 추가로 3억 달러를 경제 협력 자금으로 받기로 했지. 박정희로서는 이렇게 해서라도 총 6억 달러를 받아서 경제 개발 자금으로 활용하겠다는 의도였어.

한·일 회담이 이런 식으로 진행되는 것

계엄령 선포 1964년 6월 3일, 3만여 명의 대규모 시위대가 한·일 회담 반대 시위를 벌이며 국회 의사당까지 점령하자, 박정희 정부는 서울 전역에 비상계엄령을 선포하고 시위를 진압했다.

을 지켜본 대학생과 많은 국민들은 격렬하게 반대했어. 그러나 박정희 정부는 계엄령을 선포하고 군인을 출동시켜 집회와 시위를 진압하고는 회담을 강행했어. 미국의 신임을 얻기 위해 쫓기듯이 서둘러 한·일 회담을 매듭지은 거야.

【 '용병' 비판 받은 베트남 파병 】

한·일 회담과 동시에 추진된 것이 베트남 파병이야. 미국은 1960년대 초반부터 베트남의 정치에 개입해 친미 정부가 들어서도록 공작을 폈어. 베트남은 원래 프랑스의 식민지였다가 태평양 전쟁이 일어나면서 일본에 점령당했어. 일본이 패망한 뒤에는 사회주의 진영과 친미 진영이 대립했지. 그러다가 1955년 미국의 지원을 받아 베트남 남부에 친미 정권이 세워지면서부터 베트남은 공산당이 지배하는 북베트남과 친미 반공 세력이 지배하는 남베트남으로 분단되었어.

미국은 아시아에서 사회주의 진영에 맞설 냉전 전선을 한국, 일본, 필리핀, 베트남을 잇는 선으로 구상하고 있었어. 그런데 베트남의 반쪽을 차지한 친미 반공 정부는 부패했고 국민들의 지지를 받지 못했어. 반면 베트남의 민족 영웅 호찌민이 이끄는 사회주의 세력은 날로 세력을 넓혀 갔지.

그러자 미국은 베트남 전체가 공산화하는 것을 막기 위해 호찌민이 이끄는 북베트남과 전쟁을 벌였어. 하지만 호찌민은 미국이라는 거대한 나라에 맞서 끈질기게 싸웠지.

미국은 세계 최고의 강대국이었지만 베트남 전쟁에서 좀처럼 승리를 거두지 못했어. 도중에 발을 뺄 수도 없는 노릇이어서 베트남이라는 수렁 속으로 빨려 들어가는 꼴이 되어 버렸지. 그래서 미국은 다른 나라들을 이 전쟁에 끌어들여 상황을 바꿔 보려 했어. 거기에 한국도 포함되어 있었단다.

박정희는 미국이 바라는 대로 한국군을 베트남에 파병하겠다고 응답했어. 궁지에 몰린 미국을 도움으로써 미국의 신뢰와 지원을 얻어 내겠다는 계산이었지. 특히 베트남에서 소비되는 일부 군수품을 한국 제품으로 조달하는 조건을 얻어 내면 한국 경제가 일어서는 데도 보탬이 될 거라고 생각했어. 또 세계 최강의 군대를 보유한 미국에서 우수한 무기를 제공받는 것도 중요하게 여겼지.

그러나 야당과 많은 국민들은 베트남 파병을 반대했어. 미국이 자기 나라의 이익을 위해 벌이는 전쟁에 우리 젊은이들을 돈을 받고 싸우는 '용병'으로 보내 피를 흘리게 할 수는 없다는 것이었지. 하지만 박정희는 6·25 전쟁 때 우리를 도와준 미국에 보답하고, 베트남 전쟁에 참가함으로써 미국에서 얻을 수 있는 경제적인 이득을 위해 참전해야 한다며 밀어붙였어.

1965년부터 본격적으로 시작된 베트남 파병은 처음에는 공병 부대인 비

베트남 파병 장병 베트남에 파병되는 맹호·청룡 부대 교대 병사들이 가족과 친지들의 배웅을 받고 있다.

베트남 파병 군인들의 전투 모습 베트남에 파병된 국군은 모두 32만 명에 이르렀다. 이들은 많은 전투에 참전했는데, 그 과정에서 5천여 명이 전사했다.

둘기 부대 위주로 이루어졌어. 그러다가 곧 해병 부대인 청룡 부대, 육군의 맹호 부대 등 전투 부대가 투입되었고, 나중에는 백마 부대 등이 추가로 투입되어 1973년 철수할 때까지 모두 32만여 명이 파병되었어. 하지만 끝내 베트남 정부는 북베트남에 무너져 공산화되었지.

　박정희 정부는 한·일 국교 정상화와 베트남 파병을 통해 친미 정부의 색깔을 미국에 확실하게 보여 주었어. 그 결과 미국이 원하는 대로 미국, 일본, 한국으로 이루어진 삼각 동맹은 더욱 굳건해졌어. 그러나 한 나라의 생존이 강대국의 지지와 지원에 얽매인다는 것은 그만큼 자주성을 잃는다는 뜻이기도 하지. 이제 한국은 더욱더 미국의 움직임에 영향을 받는 나라가 되었단다.

키워드 13 | 경제 개발 계획

개발 독재를 밀어붙이다

5·16 군사 쿠데타를 일으켜 정권을 장악한 박정희 세력이 맨 먼저 착수한 일은 경제 개발이었어. 당시 대한민국은 여전히 6·25 전쟁의 후유증에서 벗어나지 못한 채 세계에서 가장 못사는 나라 축에 들어 있었어. 박정희는 그런 가난한 나라를 하루빨리 부강한 나라로 만들어야 한다고 생각했지. 그래서 '경제 개발 계획'을 강력하게 추진했단다.

【 제3공화국의 첫 일은 경제 개발 】

박정희 정부가 출범할 무렵 우리나라의 경제 현실은 참으로 암담했어. 나라의 주요 산업은 전통적으로 해 온 농업이었지만, 농업 생산력이 몹시 낮아서 식량이 부족한 상태였지. 농촌에서는 살기 힘들어 많은 사람들이 도시로 몰려들었지만, 도시에도 일자리가 충분하지 않았어. 산업 시설도 별것이 없었고, 미국이 대량으로 원조해 주는 밀가루나 설탕 같은 식품을 재가공해서 국내 시장에 유통시키는 것이 고작이었지.

그 무렵 한국은 연간 1인당 국민

원조 밀가루 포대
밀가루 포대에 '미국 국민이 기증한 밀로 제분된 밀가루. 팔거나 다른 물건과 바꾸지 말 것'이라고 쓰여 있다.

원조 물자 미국이 보내 준 원조 물자는 대부분 미국에서 남아도는 농산물이었다. 특히 밀가루를 만드는 밀이 많은 양을 차지했다.

소득 100달러에도 못 미치는 가난한 나라에 속해 있었어. 도시로 몰려든 이들은 대부분 도시 주변 야산에 폐품 판자 같은 것으로 허름한 집을 짓고 근근이 살아갔어. 이렇게 형성된 지역을 판자촌 또는 달동네라고 불렀지.

달동네 집들은 겨울에 대부분 연탄으로 난방을 했어. 그런데 집 구조가 허술하다 보니 연탄이 타면서 나오는 유독성 가스가 방 안으로 스며들어 큰 인명 사고가 나는 일이 잦았어. 겨울철이 되면 뉴스에 꼭 등장하는 것이 연탄가스 중독으로 인한 사망 사고였지. 변변한 치료약도 구할 수 없었던 달동네 사람들은 연탄가스를 마시고 머리가 어지러우면 차가운 동치밋국을 들이켜는 것으로 치료를 대신하곤 했단다.

이러한 현실에서 박정희는 '조국 근대화'라는 구호를 전면에 내세웠어. 낡은 것을 벗어던지고 서구의 선진국과 같은 산업화를 이루자는 거였지. 박정희 정부는 1962년, 조국 근대화의 구체적인 실천 계획으로 '경제 개발 5개년 계획'을 내놓았어. 이미 지난 제2공화국에서도 이와 비슷한 계획을 세웠지만 실천하지 못했는데, 박정희는 군인 출신답게 이런저런 반대 의견을 무시하고 강력하게 밀어붙였어.

판자촌(달동네) 1950년대 말 지금의 서울 동자동과 후암동 일대에 들어서 있던 판자촌이다. 판자로 벽을 만들고 비바람을 막기 위해 비닐 천막 등으로 지붕을 덮었다. 이 무렵 서울 시민들은 난방용으로 연탄을 많이 사용했다.

연탄 틀과 연탄집게

구로동 수출 공업 단지 박정희 정부는 1차 경제 개발 5개년 계획을 추진하면서 1965년 서울 구로동에 대규모 공업 단지를 조성하고, 값싼 노동력으로 가발, 신발, 의류 등 경공업 제품을 만들어 수출하는 데 중점을 두었다. 오른쪽 사진은 구로 공단 가발 공장에서 가발을 만들고 있는 노동자들의 모습이다.

 박정희 정부는 먼저 산업 구조를 농업에서 공업 중심으로 바꿔 나갔어. 이 무렵에는 국내에 별다른 자원도 없는 데다 공업 생산품에 대한 국내의 소비력도 아주 낮았기 때문에 외국에 수출해서 달러를 벌어들이는 정책을 택했지. 국내에 남아도는 값싼 노동력을 이용해 가발, 신발, 의류 같은 경공업 제품을 만들어 외국에 판 거야. 1, 2차 경제 개발 5개년 계획이 10년 동안 진행되자 목표했던 대로 한국의 산업 구조는 농업에서 공업으로 크게 바뀌었단다.
 공업화에 성공한 정부는 3차 경제 개발 계획이 시작된 1970년대 초반부터는 다음 단계로 주력 산업을 경공업에서 중화학 공업으로 바꿔 갔어. 그런데 문제가 있었어. 제철, 석유 화학, 시멘트 같은 중화학 공업을 일으키려면 막대한 시설과 기술이 필요한데, 그 무렵 국내에는 그럴 만한 자본도 기술도 없었거든. 박정희 정부는 그 모든 것을 외국에서 마련하기로 했어. 자본은 외국에서 빌리고, 기술은 선진국에서 새로운 기술이 개발되면서 낡은 것이 돼 버린 기술을 전수받는 방식으로 말이야. 대표적인 사례가 포항 종합 제철(지금의 포스코)이었어. 정부가 직접 포항에 공장을 세울 땅을 마련하고, 외국에서 돈을 빌려 1973년에 완공했어.

정부는 제철 말고도 석유 화학, 기계, 시멘트 등 중화학 공업을 꾸준히 키워 나갔어. 그런데 모든 산업을 정부가 직접 운영할 수는 없기 때문에 박정희 정부는 몇몇 기업을 선택해 자본과 기술을 제공해 주었어. 이 기업들은 정부의 혜택을 받으며 생산 활동을 벌였어. 이렇게 해서 태어난 기업 집단이 현대, 삼성, 한진, 대우 등이야. 이 기업들은 정부의 지원과 특혜를 받으며 여러 분야에 걸쳐서 사업을 벌여 거대한 기업 집단을 이루었어. 이러한 기업 집단을 '재벌'이라고 해.

포항 종합 제철 박정희 정부는 경제 개발의 목표를 중화학 공업의 육성으로 삼으면서 첫 시범 사업으로 포항 종합 제철을 건설했다. 박정희 대통령이 직접 포항 종합 제철 확장 준공식에 참석해 고로에 처음 불을 붙이는 화입식을 하는 등 포항 종합 제철의 성공에 국가적인 노력을 쏟았다.

【확 바뀐 국토와 생활】

정부는 중화학 공업 공장들이 서로 협력하기 편하도록 공장들을 한곳에 모아 공업 단지를 조성했어. 경상남도의 울산·포항·마산·창원, 경상북도의 구미, 전라남도의 여수, 그리고 서울 구로동에 공단들이 속속 생겨났어. 전국의 젊은이들이 일자리를 찾아 이들 공단으로 모여들었지.

지방에 공단을 만들고 보니 원료와 제품과 사람이 빠르게 오갈 수 있는 교통과 운송 체계가 필요했어. 그래서 전국에 철도를 늘리고 도로를 새로 만들었어. 그 가운데 가장 큰 공사가 경부 고속도로 건설이었어. 그 무렵 서울에서 부산까지 가려면 기차로 하루 종일 걸렸어. 선로가 두 선밖에 없어서 화물 수송은 더욱 느렸지. 따라서 서울에서 부산까지 자동차로 10시간 이내에 오갈 수 있는 고속도로는 획기적인 교통 시설이었단다. 서울과 부산을 하루 안에 오갈 수 있게 된 것은 엄청난 변화였어.

고속도로 말고도 외국과 교역하기 위해 커다란 컨테이너선이 드나드는 항구를 개발했어. 또 전국 곳곳에 전선을 가설하여 전깃불이 안 들어가는 지역이 없게 했어. 전국이 전화로 의사소통할 수 있게 된 것도 이때였지.

경부 고속도로 개통식 1970년 7월 7일, 착공한 지 불과 2년 5개월 만에 서울에서 부산까지 전 구간이 개통되었다. 박정희 정부는 경부 고속도로 건설을 군대식으로 밀어붙여 계획보다 1년 앞당겨 완공했다.

농촌도 1970년 정부에서 주도한 '새마을 운동'에 따라 농촌 개량 사업을 펼쳐서 초가집이 사라지고, 길을 넓히고 부엌을 개량하는 등 모습이 크게 달라졌단다.

【 가난을 벗어나다 】

1962년에 시작된 1차 경제 개발 5개년 계획은 2차, 3차 5개년 계획으로 이어졌어. 그동안 생산한 제품은 대부분 외국으로 수출했지. 박정희가 추구한 산업화는 이렇게 외국에서 자본과 기술, 원료를 들여와 제품을 생산한 뒤 그것을 다시 외국에 되팔아서 이익을 새로 만들어 내는 방식이었어. 이것을 '수출 주도형 산업 구조'라고 한단다.

정부가 앞장서서 산업화를 추진한 결과 1981년 4차 경제 개발 5개년 계획이 끝난 시점의 우리나라는 20년 전에 견주어 몰라보게 달라졌어. 그동안 경제는 해마다 7~10퍼센트 안팎의 높은 성장률을 기록하는 성과를 거두었어. 경제 개발을 시작하던 1962년의 수출액은 5,000만 달러 남짓이었지만, 2년 만인 1964년에는 1억 달러를 돌파했지. 1977년에는 100억 달러를 달성해 거의 수직에 가까운 상승을 이루어 냈고, 1981년에는 200억 달러를 넘었어. 자그마치 400배나 늘어난 거야. 100달러에도 못 미치던 1인당 국민 소득도 1,500달러를 넘어섰어. 전체적으로 경제 규모는 약 5배나 늘어났어. 무엇보다도 당시 농업 국가이던 한국이 이젠 중화학 공업 제품을 주로 수출하는 산업 국가로 탈바꿈했단다.

100억 달러 수출 달성 기념 아치
1977년 수출액이 100억 달러를 넘어서자, 정부는 광화문 거리에 기념 아치를 세워 이를 널리 알렸다.

경제가 빠르게 성장하면서 도시 사람들의 생활도 많이 달라졌어. 가장 크게 달라진 것은 주택이었어. 아직 달동네가 완전히 사라진 것은 아니지만 많은 사람들이 아파트에 살게 되었지. 박정희 정부가 낮은 주택 보급률을 단기간에 높이는 방안으로 아파트 방식을 택한 거야.

단독 주택은 마당을 거쳐 부엌을 드나들고, 냄새 나는 재래식 화장실을 사용하고, 하루에 몇 번씩 연탄을 갈아야 하는 등 불편한 점이 많았어. 그에 견주어 아파트는 현대적인 주방과 욕실을 갖추고 석유를 이용한 중앙난방을 채택해 아주 편리했어. 도시 사람들에게 아파트는 최첨단 시설을 갖춘 꿈의 주택이었지.

주택가를 허물고 아파트 단지로 재개발하려면 많은 어려움이 따르기 때문에 박정희 정부는 아예 주택이 없는 지역을 택지로 개발하기로 했어. 첫 대상이 된 곳이 서울 한강 남쪽에 넓게 펼쳐져 있던 농지였어. 오늘날의 잠실 일대인데, 이곳에 있던 농지를 밀어 버리고 대규모 아파트 단지를 만들었지. 이것이 바로 강남 개발의 시작이었단다.

잠실 주공 아파트 단지 한강 변 모래밭이었던 잠실 일대를 개발하여 대규모 아파트 단지를 건설하면서 강남 개발이 본격적으로 시작되었다.

지하철 1호선 개통 1974년 8월 15일, 서울역에서 청량리까지 지하철 1호선이 개통되었다. 지하철은 서울의 교통난을 해소하고 인구를 시 외곽으로 분산시키는 역할을 했다.

포니 자동차 현대자동차가 처음으로 국내 기술로 만든 승용차이다. 한국은 이를 바탕으로 자동차 강국의 기반을 다지게 되었다.

주거 생활과 함께 교통수단도 획기적으로 변했어. 이전에 시민들의 주요 교통수단은 전차와 버스였어. 아침에 출근하는 직장인과 등교하는 학생들은 승객들이 콩나물시루처럼 빽빽하게 들어찬 버스를 타야만 했지.

이 문제를 해결하기 위해 정부에서는 선진국을 본떠 지하철을 건설했어. 1974년 드디어 서울에 지하철 1호선이 개통되어 교통 문제가 많이 해결됐지. 1975년에는 현대자동차가 우리 기술로 '포니'라는 국산 자동차를 생산하자, 자동차를 구입해 타고 다니는 사람들도 점차 늘어났단다.

【 불균형 성장의 길 】

이러한 성과 때문에 지금도 국민들 가운데 상당수가 박정희를 우리나라의 가난을 해결하고 경제를 일으킨 대통령으로 기억하고 있어. 그리고 역대 대통령 지지 순위를 조사하면 박정희가 1위를 차지하는 경우가 많아.

그런데 여기에서 생각해야 할 점이 있어. 박정희가 '조국 근대화'의 깃발을 내걸고 나라를 급속하게 산업화시킨 것은 분명한 사실이야. 그러나 그러한 방향으로 가기 위해 박정희가 선택한 방법이 어떤 것이었는지도 따져 봐야 한단다.

사실 박정희가 택한 방법은 일본한테 배운 것이었어. 일본은 1860년대에 메이지 유신을 단행하여, 천황을 중심으로 위에서 아래로 지시하는 방식으로 근대화를 이루었지. 박정희는 우리나라도 일본과 같은 방식을 따라야 한다고 생각했어. 곧 강력한 지도자의 지시에 따라 일사불란하게 근대화를 향해 나아가야 한다는 거야. 그래서 정부가 하는 일을 야당이나 국민들이 비판하는 것을 용납하지 않았어. 그런 것은 근대화를 향해 나아가는 데 방해가 될 뿐이라고 보았지. 그래서 박정희 시대에 대한민국의 민주주의는 숨통이 끊어지다시피 했단다.

이렇게 비판을 금지했기 때문에 잘못된 일이 생겨도 고쳐지지 않았어. 박정희 정부는 빠른 시간 안에 경제 성장을 이루기 위해 재벌이라는 소수의 기업에 특혜를 주었어. 오로지 경제 성장만을 좇다 보니 노동자들이 가혹한 노동 조건과 낮은 임금에 시달려도 정부는 보살피려 하지 않았어. 이런 상황에서 1970년 11월, 서울의 청계천 변에 있는 평화시장에서 재단사로 일하던 노동자 전태일이 근로 기준법을 지키라고 요구하며 스스로 몸을 불사르는 사건이 일어났어. 정부가 돌아보지 않는 곳에서 죽음 직전까지 내몰린 노동자들의 절규가 한 청년 노동자를 통해 상징적으로 분출된 것이었지.

박정희를 지지하는 사람들은 경제가 성장하려면 그런 희생은 불가피하다고 주장한단다. 하지만 경제 성장을 이룬 세계의 여러 나라들이 모두 이런 방법을 택한 것은 아니라는 점을 알아야 해.

오늘날 사회 복지가 가장 잘되어 있는 북유럽 국가 스웨덴을 예로 들어 볼까? 스웨덴이 경제 성장을 충분히 이루고 나서 복지 제도를 실시했다고 아는 사람들이 있는데, 사실은 그렇지 않단다.

19세기 말 스웨덴이 산업화하기 시작할 무렵, 스웨덴 사람들은 가난과 질병에 시달리며 살고 있었어. 그래서 해마다 수많은 사람들이 더 나은 삶을 찾아 미국으로 떠나갔지. 바로 그러한 순간에 스웨덴의 정부와 기업가와 노동자가 한자리에 모였어. 이들은 경제 성장 방식에 대해 토론한 끝에 합의를 이루었어. 비록 속도가 늦더라도 사회에서 낙오되는 사람 없이 모두 보살피며 경제 성장을 이루기로 말이야. 보살피는 비용은 모든 국민이 세금을 더 많이 내서 해결하기로 했지. 그때 스웨덴의 경제 형편은 우리나라가 경제 개발 계획을 시작할 때보다 결코 더 낫다고 볼 수 없었어.

따라서 우리는 경제 성장을 이루는 데에도 여러 가지 길이 있다는 것을 인정해야만 해. 여러 길 가운데 박정희 정부가 선택한 길은, 먼저 일부 기업을 집중적으로 성장시키면 시간이 지남에 따라 다른 작은 기업들도 뒤따라 성장하고, 그다음에 기업에 종사하는 노동자들의 복지도 점차 나아진다는 것이었어. 이것을 '불균형 성장론'이라고 해. 우리나라는 이 불균형 성장론에 따라 급속히 산업화에 성공한 대표적인 경우야.

하지만 전 세계를 통틀어 살펴보면 우리와 같은 방식으로 산업화에 성공한 나라가 별로 없어. 국민들이 '불균형'에 불만을 표시하고 반대했기 때문이지. 다만 우리나라에서는 박정희가 독재 정치를 하며 국민들의 불만을 억눌렀기 때문에 성공할 수 있었던 거야.

더욱 중요한 문제가 있어. 처음에는 '불균형'해도 나중에는 '균형'을 되찾을 거라고 했지만, 그날은 오지 않았다는 거야. 불균형 성장론은 아직도 그 효과가 입증되지 않은 가설에 지나지 않는단다.

키워드+ 새마을 운동

초가집도 없애고 마을 길도 넓히고

박정희 정부가 경제 개발을 실행하기 전까지 우리나라 생산 활동 인구의 대부분은 농민이었어. 농민의 시간관념은 공장 노동자의 시간관념과 판이하게 달랐어. 농민은 하루 중 자기가 내키는 시간에 일을 하면 그만이었지. 1년 중에도 씨 뿌리는 시기와 수확 철에는 바쁘게 일했지만 그 밖의 농한기에는 한가하게 지냈어. 하지만 공장 노동자는 정해진 시간에 출근하여 기계가 쉬지 않는 한 계속해서 일해야 했어. 1년 중에 노는 날이라고는 설날과 추석 며칠뿐이었지.

박정희는 국민들의 생활 습관을 농민적인 것에서 노동자적인 것으로 바꾸어야 한다고 생각했어. 그것이 바로 근대화라고 본 거지. 그래서 1970년에 '새마을 운동'을 일으킨 거야.

새마을 운동은 '근면·자조·협동'이라는 구호를 내걸고 농촌 개조 운동부터 시작했어. 농사일이 없더라도 다른 일을 만들어서 놀지 않고 일하도록 다그쳤어. 흙길이어서 비만 오면 진창이 되곤 하던 마을 길을 시멘트나 아스팔트로 포장하고, 볏짚을 엮어서 올리던 지붕을 양철이나 슬레이트 지붕으로 바꾸어 해마다 지붕을 갈아야 하는 번거로움을 없앴어. 또 농사일이 없는 겨울에는 가마니나 돗자리를 짜는 등 부업을 하도록 장려했어.

그렇게 몇 년 동안 새마을 운동을 벌이고 나니 농촌 모습이 많이 바뀌었어. 초가지붕은 사라지고 파란색과 빨간색의 양철 지붕이나 슬레이트 지붕 일색이 되었지. 마을 길과 농로를 닦아서 트랙터도 다니기 편해졌단다.

도로 확장 공사 새마을 운동의 하나로 마을 주민들이 모여서 마을 길을 넓히고 있다.

새마을 운동 깃발과 모자

    새마을 운동이 가져온 효과는 눈에 보이는 것보다 눈에 보이지 않는 것이 더 중요했어. 농민들이 자기들도 열심히 일하면 도시 사람 못지않게 잘살 수 있다는 자신감을 얻었다는 점이지. 정부에서는 농민들의 자신감을 더욱 북돋우기 위해 마을마다 새마을 지도자를 두어 새마을 운동을 이끌게 했어.
    그런데 박정희 정부에는 모순된 고민이 있었어. 정부의 정책 방향은 공업화에 있었고, 농업은 그다음이었어. 하지만 수출 주도형 공업화를 추진했기 때문에 외국에 팔 때 물건값이 낮아야 경쟁력을 높일 수 있었어. 물건값을 낮추려면 노동자에게 지급하는 임금을 낮게 유지해야 했지. 노동자가 낮은 임금으로 살아가려면 우선 먹을거리에 드는 비용이 적어야 했어. 밥이 주식이기 때문에 쌀값이 올라가면 노동자들은 임금을 올려 달라고 요구하게 되고, 이는 물건값이 올라가는 것으로 이어지니까 말이야.
    그래서 박정희 정부는 농산물 가격을 낮추려고 애썼어. 하지만 농민들은 물가가 올라가는 데 비례해서 농산물 가격을 올려야만 농사를 계속 지을 수 있었지. 박정희 정부는 이러한 농민들의 요구를 강제로 억눌렀어. 마냥 억누를 수만은 없게 되자 '이중 곡가제'라는 제도를 운용했어. 이것은 정부가 농민들에게서 적당한 값에 쌀을 사들인 뒤, 그것을 사들인 가격보다 낮은 가격으로 시장에 내다 파는 방식이야. 그 차액은 정부가 부담하는 것이었지.
    그렇지만 정부가 무한정 부담할 수는 없는 노릇이어서, 해마다 추수만 끝나면 연례행사처럼 농민들과 농산물 가격을 놓고 실랑이를 벌이곤 했어. 이 과정에서 정부는 자신이 이끌고 있는 새마을 운동을 통해 농민들의 불만을 억눌렀어. 새마을 운동이 농민들이 자발적으로 일으킨 운동이 아니라 정부가 위에서 지시하고 조종하는 방식으로 진행되었기 때문에 이런 문제점이 나타난 거야.

| 키워드 14 | **전태일** |

"우리는 기계가 아니다!"

1970년 11월 13일 오후 1시 30분, 서울 청계천 6가 평화시장에서 한 청년이 온몸을 불살라 스스로 목숨을 끊었어. 그의 이름은 전태일이었지. 전태일은 죽으면서 "근로 기준법을 준수하라!"고 외쳤어. 평화시장에서 일하는 노동자들의 비참한 현실을 고발하고 노동 조건을 개선해 줄 것을 요구한 거야. 그런데 왜 전태일은 자기 목숨을 바치면서까지 이런 주장을 해야 했던 걸까?

【 평화시장의 노동자들 】

1970년대는 박정희 정부가 경제 개발 계획을 의욕적으로 추진한 시기였어. 산업화가 급속하게 진행되면서 곳곳에 공장이 들어서고 생산 활동이 활발해졌지. 정부가 중점을 둔 사업은 수출을 목표로 한 중화학 공업이었지만, 나라 전체의 경제 활동이 늘어나면서 대기업보다 자본금도 적고 종업원 수도 100명이 안 되는 중소기업이 많이 생겨났어. 특히 옷을 만드는 의류 제조 업체가 대표적인 중소기업이었어.

중소 의류 제조 업체는 서울의 청계천 5가에서 6가에 걸쳐 밀집해 있었어. 이곳에는 평화시장, 동화시장, 통일상가 등 대형 빌딩 3채가 들어섰고, 건물들 안에는 수백 개의 의류 제조 업체가 들어가 있었지. 10평도 안 되는 비좁은 공간에서 재단사와 미싱사, 견습공 등 30명 안팎의 노동자들이 일을 했어. 3층 건물의 1층에는 제품을 도매로 판매하는 점포가 들어서 있었고, 2층과 3층에서는 주로 제조 작업을 했지.

그런데 2층과 3층 작업장의 환경은 아주 나빴단다. 좁은 공간을 활용하

기 위해 높이 3미터쯤 되는 한 층의 중간을 갈라 두 층으로 나누었어. 마치 다락방을 만든 것과 같았지. 높이가 1.5미터밖에 안 돼 노동자들은 허리를 펴고 일어설 수도 없는 공간에서 환기 장치 하나 없이 먼지를 들이마시며 일해야 했어.

가장 고통스러운 것은 노동 시간이었어. 보통 아침 8시에 출근해 밤 10시나 11시까지 일했어. 하루에 14~15시간을 일한 거야. 게다가 작업량이 많을 때는 밤샘 작업을 하는 날도 종종 있었어. 일요일도 한 달에 두 번만 쉴 수 있었지.

이렇게 오랜 시간 일해도 평화시장 노동자들이 받는 월급은 아주 적었어. 가장 직급이 낮은 견습공의 경우 초보자는 1,800원, 경력자는 3,000원 정도였어. 그 무렵 다방에서 파는 커피 한 잔 값이 50원이었으니, 초보자는 하루 15시간을 노동하고 커피 한 잔 값 정도를 받았던 셈이지.

어떻게 이런 부당한 일이 있을 수 있느냐고? 물론 제 이익만 챙기려 한 기업 경영자들의 잘못이었지. 하지만 그들만 탓할 수 없는 게 그 시기의 현실이었어. 이제 막 산업화가 시작된 시점이라 일자리를 구하려는 이들은 많았지만, 그들을 받아들일 곳은 충분하지 않았어. 따라서 노동자들은 노동 조건이 불리해도 감수해야 했지.

이런 상황을 개선할 책임은 정부에 있었어. 그래서 정부는 '근로 기준법'을 만들어 기업이 지켜야 할 노동 조건을 정해 놓았어. 이 법에 따르면 기업은 노동자에게 하루 8시간만 노동을 시킬 수 있었어. 노동자와 협의해서 노동 시간을 연장할 수는 있지만, 그 경우에도 1주일에 60시간을 넘길 수는 없게 돼 있었어. 그 밖에 일요일에 휴무하는 것, 여성 노동자에게는 보건 휴가를 주는 것 등이 규정돼 있었지.

【 노동자의 벗, 전태일 】

평화시장에서 일하는 수많은 노동자 가운데 전태일이라는 청년이 있었어. 전태일은 열여덟 살이던 1965년부터 평화시장 봉제 공장에서 견습공을 거쳐 재단사로 일했어. 그는 시골에서 올라와 서울 변두리의 달동네에 사는 가난한 집안의 장남이었지. 식구들을 먹여 살리기 위해 학교를 포기하고 노동자로 살아야 했던 거야.

전태일은 평화시장에서 일하면서 이곳의

평화시장 견습공 시절의 전태일 전태일이 평화시장 봉제 공장에서 같이 일한 견습공과 보조공들. 뒷줄 왼쪽에서 세 번째가 전태일이다.

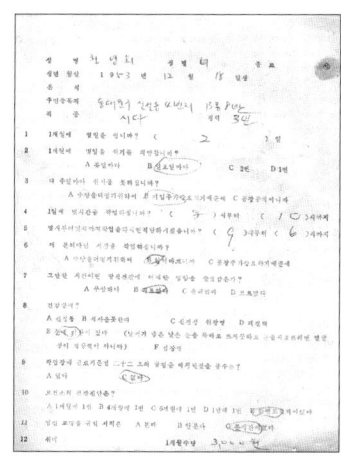

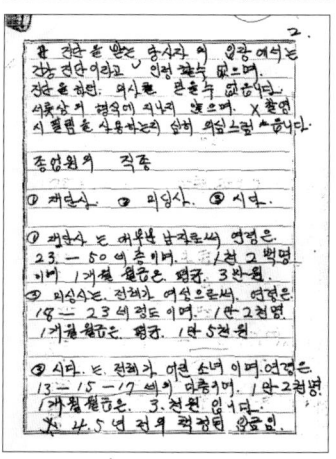

평화시장 실태 조사 설문지와 진정서
1970년 전태일이 평화시장의 실태를 조사하기 위해 돌린 설문지와 해당 기관에 낸 진정서이다.

살인적인 작업 환경 때문에 쓰러져 가는 노동자들을 보았어. 특히 열서너 살밖에 안 되는 어린 여자 견습공들이 하루 종일 햇볕 한번 쐬지 못하고 먼지를 마셔 가며 중노동에 시달리다가 폐결핵에 걸려 피를 토하는 모습을 보고 가슴이 아팠지.

그러던 어느 날 전태일은 근로 기준법이 있다는 사실을 알게 되었어. 주당 60시간은커녕 98시간이나 일하는 것이 평화시장의 현실이었어. 전태일은 근로 기준법이 왜 평화시장에서는 지켜지지 않는지 의문이 들었지. 전태일은 아마도 관청에서 사정을 모르기 때문일 거라고 생각했어. 그래서 자기와 뜻이 같은 사람들과 함께 모임을 만들었어.

전태일은 동료들과 함께 평화시장 노동자들이 어떤 조건에서 일하는지 꼼꼼하게 조사했어. 그리고 그 결과를 들고 노동청을 방문했지. 그런데 노동청의 근로 감독관은 전태일이 설명하는 노동 조건을 듣고서도 무표정하게 '알았으니 가 보라.'고만 했을 뿐, 그 뒤에 아무 연락도 없었어. 전태일은 몹시 실망했어.

정부는 근로 기준법을 만들어 놓기는 했지만, 사실 기업이 그것을 지키게 강제할 뜻은 애초에 없었던 거야. 경제 발전 목표를 달성하는 것이 우선이고, 노동 조건 개선은 그다음 문제라고 본 거지.

전태일은 정부의 이러한 태도를 바꾸려면 여론에 호소하는 수밖에 없다고 생각하고 언론사에 알렸어. 그리하여 1970년 10월, 평화시장 노동자들의 비참한 실태가 신문에 크게 보도되었어. 비로소 평화시장 노동자들이 놓여 있는 상황에 사회가 관심을 보인 거야.

그러나 평화시장 노동자들에게 돌아온 것은 경찰서에서 나온 형사들의 감시와 협박이었어. 평화시장 노동자의 처지는 조금도 변한 게 없었어. 전태일은 절망했지.

전태일은 마지막 방법을 동원하기로 했어. 노동자들이 직접 시위를 벌여 세상에 알리고 개선을 요구하기로 한 거야. 그런데 평화시장 앞에서 노동자들이 시위를 하기로 한 11월 13일, 사장들이 동원한 경비원과 경찰서 형사들이 삼엄하게 막는 바람에 시위는 여의치 않게 되었어.

전태일은 이날 시위에서 근로 기준법을 어기는 기업과 정부를 규탄하는 뜻에서 법전을 불사르기로 했어. 하지만 시위가 막히자 전태일은 마음속 깊이 생각해 두었던 최후의 수단을 사용하기로 했어. 자신의 몸을 불살라 평화시장 노동자의 비참한 삶을 세상에 널리 알리는 것이었지.

1970년 11월 13일 오후 1시 30분, 전태일은 자기 몸에 석유를 붓고 불을 붙인 모습으로 동료 노동자들 앞에 나타났어. 온몸에 불이 붙어 활활 타오르는 가운데 전태일은 마지막으로 있는 힘을 다해 외쳤어.

"근로 기준법을 준수하라! 우리는 기계가 아니다!"

【전태일이 남긴 것】

전태일의 죽음을 지켜본 동료들과 평화시장 노동자들은 큰 충격을 받고 슬픔에 잠겼어. 하지만 그들은 바로 일어났어. 전태일이 죽어 가면서 "내 죽음을 헛되이 하지 말라."고 외친 유언을 받들기 위해서였어. 그들은 곧 청계 피복 노

전태일 동상 청계천 6가 평화시장 앞, 전태일이 몸을 불살랐던 자리에 세운 흉상이다. 시민들이 모금해서 세웠다.

동조합을 조직하고 평화시장 노동자들의 노동 조건을 개선하기 위한 활동을 시작했어.

전태일 분신자살 사건은 온 사회에도 큰 충격을 주었어. 박정희가 막무가내로 경제 개발을 밀어붙이는 바람에 수많은 노동자들이 죽어 가고 있다는 사실을 많은 이들이 깨달았지.

특히 서울대학교 학생들이 분주히 움직였어. 조영래, 장기표 등의 학생들이 중심이 되어 전태일의 장례를 서울대학교에서 학생장으로 치렀어. 이 자리에서 학생들은 노동자들이 부당한 대우를 받는 것을 개선하기 위해 함께 싸워 가기로 맹세했지. 그 뒤 서울은 물론 전국의 대학생들이 함께 나섰고, 종교인과 정치가들도 합세했어.

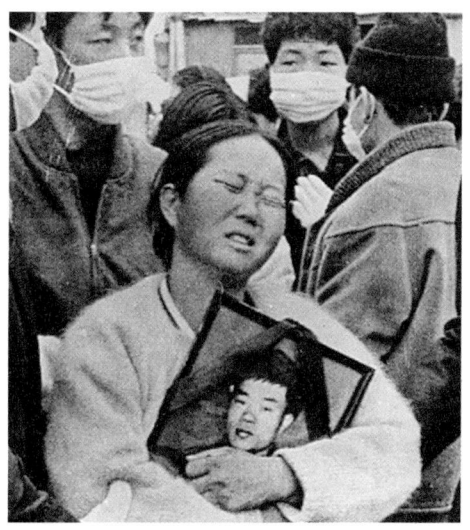

전태일 장례식 전태일의 어머니 이소선 여사가 전태일의 영정을 들고 통곡하고 있다. 이후 이소선 여사는 노동 운동가가 되어 억울한 노동자들과 함께하며 '노동자의 어머니'로 불렸다.

그 뒤 1970년대와 80년대를 거치면서 전태일은 한국 노동 운동의 상징이 되었어. 정부가 아무리 노동자들을 억누르려 해도 전태일의 정신을 이어받은 수많은 활동가들이 나타나서 노동 운동을 이끌었단다.

키워드 15　유신 체제

박정희 1인 집권 체제를 세우다

박정희가 집권하고 나서 가장 중점을 두어 추진한 일은 경제 개발이었어. 경제 개발은 성과가 있었고, 그 덕분에 박정희는 두 번 연달아 대통령에 당선되었어. 그런데 그다음이 문제였어. 헌법에 따르면 대통령은 두 번까지만 할 수 있었지. 하지만 박정희는 이승만처럼 한번 잡은 권력을 내놓을 생각이 없었어. 그래서 헌법을 바꾸어서라도 계속 집권하기로 했단다.

【 영원한 집권을 향한 꿈 】

1967년에 치러진 6대 대통령 선거에서 연이어 대통령에 도전한 박정희는 야당인 민주당의 후보 윤보선을 10퍼센트가 넘는 표 차이로 따돌리고 여유 있게 당선됐어. 제2공화국 때 대통령 자리에 있었던 윤보선은 박정희가 이끄는 5·16 군사 쿠데타가 일어났을 때 우유부단한 모습을 보였지. 그런 그가 다시 대통령 후보로 나섰으니, 많은 국민들의 지지를 얻기에는 애초부터 부족했던 거야.

　대통령에 당선된 박정희는 그동안 추진해 온 경제 개발을 더욱 힘 있게 밀어붙였어. 박정희는 '조국 근대화'를 빠른 시일 안에 이루려면 강력한 지도력이 필요하다고 생각했어. 의회에서 야당 등 여러 정치 세력과 의견을 나누고 합의를 이끌어 내려면 시간이 너무 많이 걸리고 비효율적이라고 보았지. 그래서 박정희는 의회나 정치인들을 제치고 전문가 출신 관료들을 측근에 둔 채 모든 국정 운영을 자기가 직접 지휘했어. 2대에 걸쳐 8년 동안 이런 식으로 국정을 운영하다 보니 나라의 모든 일은 박정희라는 한 사람을 중심으로 움직이게 되었지.

그런데 어느덧 한 해 두 해가 지나고 다음번 대통령 선거가 다가오자 박정희는 초조해졌어. 헌법에 따르면 더는 대통령에 출마할 수 없었거든. 박정희는 10년 동안 애써 이룩해 놓은 것을 두고 떠나야 한다는 게 불안했어. 후임자가 자신의 정책을 이어 갈 것인지도 믿을 수 없고, 이어 간다 해도 자기만큼 잘할 수 있을 것 같지 않았거든. 그의 고민은 깊어만 갔어.

결국 박정희는 대통령을 계속하기로 결단을 내렸어. 이를 위해서는 먼저 대통령을 두 번까지만 할 수 있도록 제한하는 헌법을 바꾸어야 했지. 박정희가 헌법을 개정하려고 하자 당연히 야당 정치 세력은 맹렬하게 반대하고 나섰어. 그래도 박정희는 헌법 개정을 밀어붙여서 1971년에 3선 대통령에 도전했단다. 그런데 박정희는 대통령 선거 과정에서 강력한 야당 후보를 만나 힘든 싸움을 벌여야 했어. 바로 김대중이었어.

박정희는 그동안 강력한 지도력을 앞세워 나라를 강압적으로 다스려 왔어. 자기를 반대하는 정치 세력에게는 가혹하게 보복했지. 대통령 직속 정보기관인 중앙정보부(지금의 국가정보원)를 통해 야당 정치인들에 관한 정보를 모으고, 그들이 반정부 활동을 하지 못하게 감시하고 협박했어. 간혹 반정부 인사에게 간첩 혐의를 씌워 중앙정보부 취조실로 끌고 가 모질게 고문하기도 했어. 그래서 국민

3선 개헌안 날치기 통과 박정희가 대통령을 세 번까지 계속할 수 있도록 헌법을 바꾸려 하자, 야당 의원들은 국회 본회의장을 점거하고 밤새 농성을 벌였다. 그러는 동안 여당 의원들은 국회 별관에서 자기들끼리 3선 개헌안을 변칙으로 통과시킨 후 뒷문으로 빠져나갔다.

들은 중앙정보부라는 말만 들어도 등골이 오싹해졌단다.

야당인 신민당의 지도부는 이러한 강압적인 분위기에서 집권을 지레 포기하고 야당으로서 생존하는 데 만족했어. 그러자 야당 국회의원 가운데 젊은 정치인들이 지도부의 무기력한 태도를 비판했어. 그들은 '선명 야당'이라는 구호를 내걸고 박정희에게 강력히 맞서 싸울 것을 주장했지. 이러한 흐름에 앞장선 두 정치인이 김영삼과 김대중이었어.

김영삼과 김대중은 1971년 7대 대통령 선거에 야당 후보로 출마할 것을 밝히고 서로 경쟁했는데, 당내 경선에서 최종 후보자로 김대중이 뽑혔어.

김대중은 전국을 돌며 유세하면서 박정희의 독재를 비판했어.

"이번에도 박정희가 대통령이 된다면 다음엔 총통제를 실시해 죽을 때까지 영원히 집권하려 할 것입니다."

많은 국민들이 10년 동안 집권해 온 박정희에게 등을 돌리고 김대중을 지지했지. 김대중이 서울 장충단 공원에서 유세할 때는 청중이 100만 명이나 모여들었다고 해. 그때 서울 인구가 500만 명쯤이었으니 대단한 인파였지. 김대중을 지지하는 사람들이 점점 더 늘어나자 박정희는 불안해졌어.

그런데 이 무렵 김대중은 호남(전라도) 지방에서 선거 유세를 하면서 박정희의 고향이 영남(경상도)이어서 경제 개발의 혜택이 영남 지방에 치우쳐 있다고 비판했어. 그러면서 자기가 대통령이 되면 호남 지방도 똑같이 개발의 혜택을 받게 해 주겠다고 약속했지.

박정희 쪽은 김대중의 이러한 선거 유세 내용을 역이용하기로 했어. 호남은 김대중 편이므로 영남은 박정희 편이 되어야 한다는 논리를 내세워 지역감정을 부추긴 거야. 영남 지방의 인구가 호남 지방보다 훨씬 많았기 때문에 이런 전략은 꽤 효과가 있었어.

중앙정보부는 영남과 호남 사람들이 서로 적대하는 지역감정을 더욱 부

김대중의 선거 유세 서울 장충단 공원에서 열린 유세에는 100만 명이 모여들어 박정희를 비판하는 김대중의 연설에 지지를 보냈다.

추기려고 비밀공작까지 폈단다. 호남 사람은 백제의 후손이고 영남 사람은 신라의 후손이므로, 대통령은 신라 쪽에서 나온 사람이 맡아야 한다는 식의 말을 퍼뜨렸지. 아울러 호남 사람들은 이중인격자여서 믿을 수 없다는 말까지 퍼뜨렸어. 심지어 선거 직전에는 호남 사람들이 영남에서 생산한 제품은 사지 말자는 운동을 벌인다는, 출처를 알 수 없는 전단이 영남 지방에 뿌려지기도 했단다. 박정희는 여기에 그치지 않고 공무원을 동원해서 여당 선거 운동을 하게 하는 등 무리한 수단까지 썼어.

  선거가 끝나고 개표 결과가 발표되자 많은 사람들이 깜짝 놀랐어. 박정희가 당선되긴 했지만, 김대중이 45퍼센트의 득표율로 예상보다 많은 표를 얻었기 때문이야. 박정희와 표 차이도 8퍼센트밖에 나지 않았지. 특히 서울과 부산을 비롯한 대도시에서는 김대중이 박정희를 크게 앞질렀어. 박정희는 주로 농촌에서 많은 표를 얻었지. 그 무렵에는 도시화가 빠르게 진행되고 지식인과 중산층이 도시에 몰려 있었기 때문에, 김대중이 도시에서 많은

개발 독재의 시대 135

표를 얻었다는 사실은 박정희에게 예사롭지 않은 조짐이었어.

또 하나 사람들의 눈을 번쩍 뜨이게 한 것은 지역 차이였어. 박정희는 영남에서 몰표를 얻었고, 김대중은 호남에서 많은 표를 얻었어. 박정희가 선동한 지역감정 전략이 효과를 거둔 것이었지. 1971년 이전에 치른 대통령 선거에서는 이런 현상이 없었고, 두 지방 사람들 사이에 지역감정이라는 것도 존재하지 않았거든. 뜻있는 이들은 지역감정을 걱정하면서 나라가 남북으로 분단된 것도 모자라 동서로 갈라져야 되겠느냐며 탄식했지.

하지만 상황은 점점 더 나빠져서 영남 사람들은 물론 다른 지방 사람들마저 호남 사람들에게 나쁜 감정을 갖기 시작했어. 호남 사람들은 영문도 모른 채 억울하게 차별받는 사례가 늘어났어. 오늘날까지도 우리 국민 가운데는 이때 퍼진 지역감정의 포로가 된 사람들이 남아 있단다.

【10월 유신을 단행하다】

상황이 이렇다 보니 박정희는 7대 대통령에 취임은 했지만 마음을 놓을 수가 없었어. 다음번 선거에서는 떨어질 수도 있겠다 싶었던 거지. 박정희는 선거 결과를 걱정하지 않고 계속 집권할 방법을 궁리한 끝에 결단을 내렸어. 나라를 자기가 계속 집권할 수 있는 체제로 통째 바꾸기로 말이야.

그런데 장기 집권 체제로 바꾸려면 국민을 설득할 만한 명분이 필요했어. 때마침 이 무렵 한반도를 둘러싼 국제 정세가 급격하게 변화하고 있었어. 1949년 중국이 사회주의 국가로서 중화 인민 공화국을 선포한 이후 미국과 중국은 서로 적대하면서 국교를 맺지 않고 있었어. 그러던 두 나라가 1971년에 들어서면서 서로 화해하고 국교를 맺기 위해 접촉하기 시작한 거야. 미국의 닉슨 대통령은 이러한 흐름에 맞추어 한반도에서 미군을 철수하겠다고 발표했지.

박정희는 이것을 구실로 삼아 1971년 12월 국가 비상사태를 선포했어. 미군이 철수하고 나면 북한이 또다시 쳐들어올 가능성이 있으니 국가 안보가 위기에 놓이게 된다는 논리였지. 그때까지도 6·25 전쟁의 아픈 기억이 생생하게 남아 있던 국민들은 곧 전쟁이 일어날 것 같은 분위기에 잔뜩 움츠러들었단다. 바로 그것이 박정희가 노린 점이었지. 박정희는 담화문에서 이렇게 주장했어.

"자유와 평화의 구호만으로는 침략자의 총칼을 막아 낼 수 없습니다. 자유와 평화를 수호하기 위해서는 희생과 대가를 치러야 합니다. 필요할 때는 우리가 누리고 있는 자유의 일부마저도 스스로 유보하고, 이에 대처해 나가야겠다는 굳은 결의가 있어야 합니다."

그의 속셈은 바로 이 마지막 문장에 있었어. 박정희는 국가 비상사태를 선포해 국회를 해산하고 모든 정치 활동을 금지했어. 국민의 기본권인 언론, 집회, 결사의 자유도 제한해 국민들의 입과 눈과 귀를 막은 뒤 장기 집권 체제를 세우기 위한 작업을 착착 진행했단다.

마침내 1972년 10월, 박정희는 새로운 헌법 개정안을 내놓았어. 이 헌법에 따르면 대통령은 이제 국민이 직접 선출하지 않고 '통일 주체 국민 회

서울 시내에 출동한 계엄군 비상계엄을 선포해서 국회를 해산하고, 대학 문을 닫고, 언론사 등을 통제한 가운데 10월 유신이 단행되었다. 신문을 통제하기 위해 동아일보 본사 건물에 주둔한 계엄군의 모습이다.

의'라는 곳에서 뽑아. 통일 주체 국민 회의는 국민이 선출하는 2,000~5,000명의 대의원으로 이루어지는데, 이 기구에서 대통령을 뽑게 했지. 국민 전체가 아닌 5,000명쯤은 얼마든지 구워삶을 수 있다고 자신했던 거야. 박정희는 또 대통령의 연임 제한을 없앰으로써 죽을 때까지 집권할 수 있는 길을 터놓았어. 박정희는 이러한 내용의 헌법 개정안을 비상 국무 회의의 의결을 거쳐 국민 투표로 확정한 뒤 공포했어. 낡은

유신 헌법 공포식 유신 헌법은 1972년 국민 투표에 부쳐져 투표율 91.9퍼센트, 찬성 91.5퍼센트로 확정됐다. 그해 12월 27일, 유신 헌법을 공포하는 장면이다.

제도를 새롭게 고쳤다고 해서 이때의 헌법을 '유신 헌법'이라고 한단다.

이 유신 헌법에 따라 1972년 12월, 통일 주체 국민 회의 대의원들이 체육관에 모여 치른 선거에서 박정희는 무효표 2표 말고는 모두 찬성인, 100퍼센트에 가까운 지지를 얻어 대통령에 당선되었어.

박정희는 이처럼 장기 집권에 유리한 선거 제도를 만들고 대통령의 권한도 크게 강화했어. 국회의원 가운데 3분의 1을 대통령이 임명하게 했고, 국회가 정부를 감시하는 기능은 크게 축소시켰어. 3권 분립

장충 체육관에서 치른 대통령 선거
유신 헌법에 따라 통일 주체 국민 회의 대의원들은 장충 체육관에서 투표를 했다. 국민들은 이처럼 체육관에서 간접 선거로 대통령을 뽑는 방식을 비꼬아 '체육관 선거', '체육관 대통령'이라고 했다.

10월 유신 홍보물 박정희 정부는 10월 유신을 단행함으로써 '100억 달러 수출과 1,000달러 소득'을 달성할 수 있다고 선전했다.

의 한 축인 사법부에 대해서도 대통령이 법관을 임명하게 함으로써 사법부의 권한을 약화시켰지. 이로써 대한민국은 입법·사법·행정이 서로 견제하는 3권 분립이 사라지고 대통령이 막강한 권한을 휘두르는 독재 국가가 되어 버렸어. 이것이 바로 유신 헌법으로 확립된 '유신 체제'였단다.

유신 체제에서는 국가의 모든 권력이 박정희 한 사람에게 집중되었기 때문에 어떤 정책이든 신속하게 집행되었어. 특히 중화학 공업을 중심으로 하는 대규모 경제 개발은 더욱 빠르게 진행되었지. 외국에서 들여오는 자본과 기술도 정부가 관리해서 기업에 분배했기 때문에 대기업은 더욱 정부에 종속되었어.

유신 체제는 박정희라는 사령관의 지휘 아래 국민 모두가 병사가 되어 고지를 향해 돌격하는 꼴이었다고 할 수 있어. 그 사령관이 잘못을 저지르지 않는 신과 같은 존재라면 아무 문제가 없었겠지. 그렇지만 인간 사회에서 그런 체제는 일찍이 중세의 절대 군주 시대에나 볼 수 있는 낡은 체제였어. 따라서 유신 체제가 민주주의에서 멀어져 갈수록 그 종말은 가까워질 수밖에 없는 운명이었지.

키워드+  7·4 남북 공동 성명

남북 관계, 제자리를 맴돌다

1970년 무렵, 국제 정세는 박정희의 주장과 달리 한반도에서 전쟁이 일어날 가능성이 적은 방향으로 움직이고 있었어. 그동안 적대국 관계였던 미국과 중국이 국교를 정상화하려는 움직임을 보이고 있었던 거야. 만약 미국과 중국의 국교 정상화가 실현된다면 한반도에서 전쟁이 일어날 가능성은 한층 낮아질 게 분명했어.

박정희는 어떤 식으로든 이러한 국제 정세에 대응해야 했어. 미국도 중국과 국교를 트는 마당에 한반도에서도 남과 북이 만날 필요가 있었지. 생각 끝에 박정희는 이후락 중앙정보부장을 비밀리에 북한에 보내 김일성과 만나게 했어. 또 북에서도 그에 대한 보답으로 박성철 부수상을 남쪽으로 보냈지.

비밀스럽게 대화를 주고받은 끝에 양쪽은 1972년 7월 4일, 서울과 평양에서 동시에 남북 공동 성명을 발표했어. 국민들은 그동안 남과 북이 서로 으르렁대기만 한 줄 알았는데 물밑에서 비밀 접촉을 해 왔다는 사실에 크게 놀랐지. 공동 성명의 핵심 내용은 다음과 같았어.

첫째, 통일은 외세에 의존하거나 외세의 간섭 없이 자주적으로 해결해야 한다.

둘째, 통일은 서로 상대방을 반대하는 무력 행사에 의거하지 않고 평화적인 방법으로 실현해야 한다.

셋째, 사상과 이념, 제도의 차이를 초월하여 우선 하나의 민족으로서 민족적 대단결을 도모해야 한다.

이것을 이른바 자주, 평화, 민족 대단결의 '조국 통일 3대 원칙'이라고 했어. 그 뒤로 양쪽

7·4 남북 공동 성명 발표 이후락 중앙정보부장이 7·4 남북 공동 성명을 발표하고 있다. 이 성명은 서울과 평양에서 동시에 발표되었다.

서울을 방문한 박성철 7·4 남북 공동 성명 발표 이후 특사 자격으로 남한을 방문한 박성철 북한 부수상이 박정희 대통령과 악수를 나누고 있다.

남북한 전화 개통 1972년 8월 18일, 남북 회담용 직통 전화 20회선이 개통되어 북한과의 첫 공식 통화가 이루어졌다.

은 모든 남북 관계에서 이 원칙을 기준으로 삼게 되었지.

그런데 박정희 정부가 한편으로는 북한의 남침 위협을 강조하면서 다른 한편으로는 북한과 대화하는 것이 앞뒤가 맞지 않는 것으로 비칠 수 있었어. 이에 대해 박정희는 사회주의 사상으로 똘똘 뭉친 북한 체제와 대화하기 위해서는 남쪽에도 강력한 지도력이 필요하며, 그것은 바로 자신이라고 주장했어.

그러나 북한과의 대화는 국제 정세에 대응하는 것이었을 뿐, 박정희는 진심으로 북한과 화해할 생각이 없었어. 북한과 진정으로 화해하고 통일의 길로 나아간다면, 북한이 언제 쳐들어올지 모른다고 위협하며 국민을 강압적으로 통치한 자신의 독재 권력이 자연스럽게 무너질 것이었기 때문이야.

이 점에서는 북한도 마찬가지였어. 남한과 대화하면서 문호를 개방하고 자본주의와 민주주의의 바람이 북한에 불어닥치면 김일성의 1인 지배 체제가 위태로워질 것이라고 보았지. 양쪽 모두 겉으로는 웃는 얼굴로 대화했지만 속으로는 서로 칼을 감추고 있었던 거야.

남북한 각각의 진정한 속셈은 머지않아 만천하에 드러났어. 남쪽에서는 7·4 남북 공동 성명을 발표한 지 석 달 만에 10월 유신을 단행했어. 북한 또한 그해 말 헌법을 개정하여 주체사상을 전면에 내세우고 김일성을 주석으로 승격시켜 신격화하는 작업을 시작했어. 그 뒤로 남북 사이의 대화는 끊겨 버렸지. 남북 모두 진정한 화해와 대화를 추구하기보다는 자신들의 체제를 굳건히 하는 데 골몰했던 거야.

이러한 관계, 즉 상대방을 악마화함으로써 자기 체제를 유지하는 데 이용하는 관계를 '적대적 공존'이라고 해. 21세기를 맞은 오늘날까지도 남북은 이 틀을 벗어나지 못하고 있단다.

키워드16   반공 체제

"수상하면 신고하고, 자수하여 광명 찾자"

박정희 대통령이 집권하던 시기에는 초등학교에서 때때로 반공 웅변대회와 반공 포스터 그리기 대회를 열었어. 그때 초등학생들은 반공 포스터에 흔히 '무찌르자 공산당, 때려잡자 김일성'이라는 표어를 적고, 김일성의 모습은 몸을 온통 붉은색으로 칠하고 머리엔 무서운 뿔이 난 괴물처럼 그렸단다. 박정희 정권은 국민들에게 공산주의자는 무서운 존재라는 인식을 심어 주려고 이렇게 아이들이 어릴 때부터 교육시켰어. 그런데 거기에는 공산주의에 대한 단순한 반대 말고도 박정희의 속셈이 들어 있었단다.

【 장기 집권에 이용된 반공 교육 】

박정희는 5·16 군사 쿠데타를 일으킨 뒤 첫 발표에서 "반공을 국시의 제1로 삼는다."고 했어. 이것은 자기가 공산주의자가 아니라는 점을 널리 알리기 위한 말이었지. 사실 박정희는 옛날에 공산주의자로 활동한 경력이 있거든. 그래서 그가 쿠데타를 일으키자 북한에서는 자기편이 혁명을 일으킨 줄 알고 환영하려는 반응을 보이기도 했어. 미국 정부도 그가 공산 혁명을 일으킨 것이 아닌가 의심했지. 따라서 이 말은 박정희 자신은 공산주의자가 아니라 공산주의에 맞서 싸우는 쪽이라는 것을 널리 드러낸 것이었어.

그런데 박정희는 자신의 장기 집권을 반대하는 국민들이 점점 늘어나는 것에 어떻게든 대응해야 했어. 그는 이를 위해 반공을 이용하기로 했지. 대한민국은 늘 북한 공산주의의 위협을 받고 있는 위험한 나라이기 때문에 자기 같은 강력한 지도자가 계속 집권해야 한다는 논리를 폈어. 그리고 그 논리를

국민들의 머릿속에 더욱 강하게 새겨 넣기 위해 반공 교육을 강화했어.

먼저 국민들로 하여금 북한이 호시탐탐 남침할 기회만 노리고 있다는 것을 한시도 잊지 않게 해야 했어. 그래서 고등학교와 대학교 필수 과목으로 교련을 만들어 고등학생과 대학생들에게 군사 훈련을 시켰어. 명령에 복종하는 군인 정신을 학생들에게 주입시켜 정부에 대한 비판 의식을 갖지 못하게 한 거지.

일반 국민들도 예비군 훈련과 민방위 훈련을 통해 늘 전쟁의 위험에 대비하게 했어. 관공서와 학교에서는 매일 오후 6시에 애국가를 틀어 놓고 국기 하강식을 치렀어. 이때 길을 가던 모든 사람은 발걸음을 멈추고 애국가가 끝날 때까지 국기에 대한 경례를 해야 했단다.

국기 하강식에 맞춰 국기에 대한 경례를 하는 시민들

개발 독재의 시대 143

멸공 방첩 간판 정부는 길거리 곳곳에 '반공 방첩', '멸공 방첩' 따위의 구호를 적어 놓아 국민들이 늘 북한에 대한 경계심을 잃지 않고 생활하게 했다.

불온 삐라 신고 포스터와 가게 입구에 붙인 표어 북한에서 보낸 삐라(선전물)를 보면 바로 신고하라고 권유하는 포스터와 간첩에게 자수를 권유하는 표어이다. 곳곳에 붙은 표어 속에서 국민들은 북한 공산주의라는 '괴물'의 존재를 의식하고 두려움에 떨며 살아야 했다.

    그리고 우리나라 곳곳에는 북한이 보낸 간첩들이 몰래 활약하고 있기 때문에 언제나 주변을 잘 살펴야 한다며 겁을 주었어. 길거리마다 눈에 띌 만한 장소에는 어김없이 '반공 방첩'이라는 네 글자를 새겨 놓았어. "수상하면 신고하자", "자수하여 광명 찾자"는 표어도 붙여 두었고.

    또 등산로 어귀에는 '간첩 식별 요령'이라는 입간판을 세워 놓았어. 거기에 적혀 있는 대로 행동하는 사람은 일단 수상한 사람이니 잘 지켜보다가 신고하라는 것이었어. 그런데 지금 보면 웃음이 나오는 내용이 대부분이었어. 이를테면 '새벽 또는 야간에 산에서 내려오거나 바닷가를 배회하는 자', '계절과 유행에 맞지 않는 양복을 입고 다니는 자', '자주 이사하거나 자주 변장하는 자' 같은 내용이 있었지. 아주 평범한 이웃 사람도

의심하고 신고하라는 것이었어.

　실제로 신고를 당해 피해를 입는 사람도 있었어. 가난한 노동자가 퇴근 뒤 막걸릿집에서 술 한잔 하며 정부를 원망하기라도 하면 옆자리에 앉아 있던 사람이 그를 간첩으로 신고하는 일이 심심찮게 일어났어. 그러면 그 노동자는 수사 기관에 붙잡혀 가서 호된 조사를 받아야 했지. 운이 나쁘면 구속되어 반공법이나 국가 보안법 위반으로 처벌을 받기까지 했어. 사람들은 이런 경우를 두고 '막걸리 반공법' 또는 '막걸리 보안법'이라며 조롱하기도 했단다.

【 청년 문화의 싹을 잘라라 】

그런데 1970년대로 들어서면서 반공 교육을 통해 국민들을 겁주고 독재에 순응하게 하는 데 한계가 드러나기 시작했어. 특히 6·25 전쟁 이후에 태어나 전쟁을 모르고 자란 청년 세대에게는 반공이라는 약효가 잘 먹혀들지 않았거든.

　그 세대는 서구식 교육을 받으며 자랐기 때문에 서구의 자유분방한 문화를 적극적으로 받아들였어. 무엇보다 미국에서 들어온 히피 문화의 자극에 민감하게 반응했지. 미국 젊은이들은 미국 정부가 베트남을 상대로 벌이는 전쟁에 반대하며 히피 문화를 일으켰어. 히피는 전쟁뿐 아니라 현대 문명 자체를 비판하면서 머리카락도 깎지 않고 자라는 대로 내버려 두고, 허름한 청바지를 입고, 기타를 치며 자기들의 생각을 노래로 표현했어. 히피 문화는 우리나라에도 흘러들어 장발과 청바지와 통기타가 청년 문화의 상징이 되었지.

　박정희는 젊은이들의 자유롭고 개방적인 문화가 자신의 장기 집권에 비판적인 여론을 일으키지 않을까 걱정했어. 그래서 이러한 청년 문화가 퇴폐적인 것이라고 비판하며 경찰을 앞세워 단속에 나섰어.

장발 단속

단속 대상은 남성의 장발과 여성의 미니스커트였어. 경찰은 머리카락이 귀를 덮는 남자를 보면 바로 그 자리에서 가위로 머리카락을 자르거나 파출소로 끌고 가서 강제로 머리카락을 잘랐어. 그래서 머리를 기른 젊은이들은 주변에 단속 경찰이 있는지 늘 살피며 다녀야 했어.

단속 경찰이 갖고 다닌 또 하나의 기구는 자였어. 바로 여성의 미니스커트를 단속하는 기구였지. 경찰은 길거리에서 미니스커트를 입은 여성을 발견하면 여성의 무릎에 자를 갖다 대고 치마 길이가 무릎 위로 15센티미터를 넘는지 조사했어. 적발된 여성은 경범죄 처벌법 중 '미풍양속을 해친' 죄에 해당된다며 벌금형을 선고받았어.

이게 다가 아니었어. 박정희 정부는 젊은이들이 즐기는 서구식 노래가 젊은이들의 정서에 좋지 않은 영향을 끼친다며 노래까지 통제했어.

그 시절 젊은이들이 가장 흔하게 즐기는 여가는 음악 감상이었어. 젊은이들은 특히 미국과 서구에서 들어온 팝송을 즐겨 들었어. 국내의 젊은이들은 팝송과 히피 문화를 뒤섞어 한국적인 노래를 만들고 통기타로 연주하는 '한국 포크 음악'

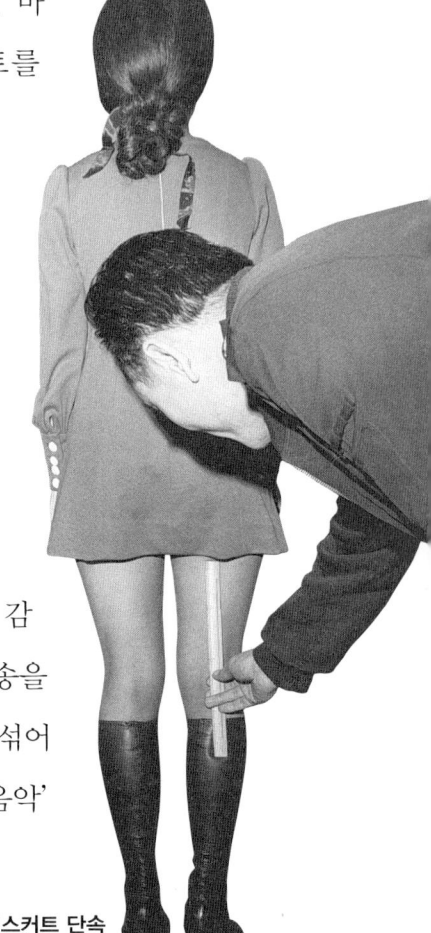

미니스커트 단속

이라는 것을 만들어 냈어. 한국 포크 음악의 대표적인 가수와 작곡자로는 신중현, 이장희, 김민기, 송창식, 윤형주, 양희은 등이 있었지.

그런데 박정희 정부는 이들 포크 가수의 노래 가운데 일부가 '국가 안전의 수호와 공공질서 확립에 반하는' 내용이라며 라디오나 텔레비전에 나오지 못하게 금지시켰어.

예를 들면 김민기가 작곡하고 양희은이 부른 '아침 이슬'은 가사 중에 "태양은 묘지 위에 붉게 떠오르고"라는 대목이 북한의 김일성을 연상시킨다는 것이 문제가 되었어. 김민기는 친한 친구의 무덤을 찾은 자리에서 친구를 생각하며 지은 노래일 뿐이라고 밝혔지만 소용없었어. 그 무렵 대학생들이 정부에 반대하는 시위를 벌일 때 이 노래를 자주 부르곤 했기 때문에 괘씸죄가 적용된 셈이었던 거야.

박정희는 이처럼 유신 체제를 유지하기 위해 사회 전체를 통제하려고 했어. 유신 체제가 한 사람의 영구 집권을 위한 것이었던 만큼 민주주의 원칙을 근본부터 부정하고 있었지. 그래서 박정희는 국민들 사이에서 민주주의를 향한 열망이 조금이라도 터져 나올 것 같으면 그 싹부터 잘라 없애려고 했어. 그러기 위해 국민들을 극단적인 반공 이념으로 세뇌시키고, 머리와 옷차림, 노래에까지 일일이 간섭하는 체제를 만들었단다.

김민기와 양희은 '아침 이슬'을 작곡한 김민기의 1집 레코드와 노래를 부른 양희은. '아침 이슬'은 대학생들의 시위 현장에서 자주 불리자 금지곡이 되었다.

키워드 17 | 10·26 사건

스스로 무너진 유신 체제

1979년 10월 26일 저녁, 서울의 청와대 앞 궁정동에 있는 한 집에서 총성이 울렸어. 총알이 향한 곳은 대통령 박정희였지. 중앙정보부장 김재규가 쏜 총탄을 맞고 박정희는 그 자리에서 사망했어. 5·16 군사 쿠데타 이후 18년 동안 나라를 통치해 온 절대 권력자의 최후는 이렇게 끝났고 말았단다. 그 무렵 박정희 주변에서는 도대체 무슨 일이 벌어진 걸까?

【 유신 체제에 일격을 가한 부마 민주 항쟁 】

1979년 9월 11일, 서울시 관악구 서울대학교 교정. 점심 무렵 도서관 건물 난간에 한 학생이 나타나 유인물을 뿌리며 외쳤어.

"유신 철폐! 독재 타도!"

그러자 순식간에 건물 아래로 학생들이 모여들었지. 학생들은 구호를 따라 외치며 어깨동무를 하고 노래를 부르기 시작했어.

"박정희는 물러가라, 훌라훌라……."

그런데 노래의 1절이 채 끝나기도 전에 학교 건물 어딘가에 잠복해 있던 사복 경찰 수십 명이 무전기를 들고 나타났어. 그리고 난간에서 유인물을 뿌리고 있는 학생에게 접근해 검거 작전을 펼쳤지. 곧이어 학교 정문 앞 관악 파출소에 상시 대기 중이던 전투 경찰 수백 명이 출동해 저벅저벅 군홧발 소리를 내며 시위 학생들을 압박해 왔어.

수십 발의 최루탄이 터지고 진압조가 학생들을 덮쳤지. 많은 학생들이 경찰에 붙잡혀 마구 얻어맞으면서 개 끌려가듯이 끌려갔어. 학교는 아수라장

148

이 되었지. 이런 광경은 그 시기에 자주 볼 수 있던 대학가 풍경이었어.

박정희는 10월 유신으로 자신의 영구 집권 체제를 만들고, 그것을 비판하면 감옥에 가두는 긴급 조치를 선포해 공포 분위기를 조성했어. 처음에는 사람들이 두려움에 숨을 죽였지만, 시간이 지나면서 용기 있는 사람들이 유신 체제를 비판하기 시작했어. 그 선두에 대학생들이 있었던 거야.

유신 체제를 공개적으로 비판한 이들은 주로 대학생들이었지만, 말없는 많은 국민도 속마음은 그들과 같았어. 그 증거로 1978년 12월에 치러진 국회의원 선거를 들 수 있어. 이 선거에서 박정희의 민주공화당은 국민이 직접 선출하는 154석 가운데 과반수에 훨씬 못 미치는 68석밖에 얻지 못했어. 물론 국회의원의 3분의 1을 사실상 대통령이 임명하는 유신 헌법 덕분에 총

개발 독재의 시대

의석의 과반수는 차지했지만, 득표율에서는 처음으로 제1야당인 신민당에 뒤지는 사태가 벌어진 거야. 이는 긴급 조치라는 공포 분위기 속에서도 국민들이 박정희에게 반대하는 뜻을 드러낸 것이었어.

야당인 신민당은 국민들의 이 같은 여론에 힘입어 자신감을 얻고 박정희 정부에 맞섰어. 당 총재에도 정부에 협조적인 사람을 끌어내리고 젊고 투쟁적인 김영삼을 앉혔지. 박정희는 김영삼이 유신 체제를 거침없이 비판해 대자 그를 국회의원에서 제명시켜 버렸어. 제1야당의 총재를 국회에서 내쫓자 더 많은 국민들이 박정희의 독재에 등을 돌렸어.

그러나 대부분의 시민들은 박정희의 공포 정치에 주눅이 들어서 감히 나서지 못했어. 대학생들은 그러한 시민들을 대신해 온몸으로 유신 체제를 반대하는 시위를 했던 거야.

서울대학교에 이어 1979년 10월 16일에는 부산대학교에서도 유신과 독재에 반대하는 시위가 벌어졌어. 그런데 부산대학교 학생들의 시위는 여느 때보다 규모가 커서 경찰이 재빠르게 진압할 수 없었어. 시간이 지나면서 시위 학생들은 점점 더 불어났어. 학생들은 교문을 박차고 나와 시내로 향했지.

학생들이 시가지를 행진하자 많은 시민들이 박수를 보내며 격려했어. 시위 대열에 합세하는 시민들도 늘어났지. 경찰은 대규모 병력을 동원해 최루탄을 쏘고 시위 군중을 곤봉으로 때리며 진압하려고 했지만, 시민들은 경찰에게 야유를 퍼부었어. 그리고 시위대에게 수고한다며 음료수와 김밥을 전해 주는 이들도 많았어. 경찰에 잡히지 않으려고 도망가는 이들을 자기 가게나 집에 감추어 주기도 했지.

이제 경찰만으로는 시위를 막을 수 없게 되었어. 그러자 정부는 부산 일대에 비상계엄을 선포하고 군대를 출동시켜 시위를 진압했어. 탱크와 총으

부마 민주 항쟁 1979년 10월, 부산과 마산에서 벌어진 유신 독재 반대 시위이다. 시위가 쉽게 수그러들지 않자 정부는 이들 지역에 비상계엄을 선포하고 군대를 출동시켰다. 왼쪽 사진은 부산 광복동에서 대학생들이 시위를 벌이는 모습이고, 오른쪽은 마산 시내에 투입된 공수 부대의 모습이다.

로 무장한 군인들이 출동하자 시위는 수그러들었지. 그런데 하루 이틀이 지나자 인근 마산과 창원에서 다시 시위의 불길이 솟았어. 경찰이 출동했지만, 시위대는 경찰의 저지를 뚫고 경찰서와 민주공화당 사무실 등을 습격해 기물을 부수고 불을 질렀어.

시위가 계엄령을 선포한 지역 밖으로 번져 나가자 다급해진 정부는 이번에도 군대를 출동시켜 마산 일대의 시위를 진압했어. 이렇게 부산과 마산 지역에서 일어난 반독재 시위를 '부마 민주 항쟁'이라고 한단다.

【 박정희의 최후, 10·26 사건 】

박정희는 부마 항쟁을 보고받고 국민들이 그토록 유신 체제를 반대한다는 사실에 충격을 받았어. 그래서 심각한 표정으로 대책 회의를 열었지.

개발 독재의 시대 151

1979년 10월 26일, 청와대 앞 궁정동 안가(중앙정보부 같은 특수 정보기관이 비밀을 유지하기 위해 이용하는 일반 집)의 모임도 그런 대책 회의 가운데 하나였어. 참석자는 대통령 박정희, 대통령 경호실장 차지철, 비서실장 김계원, 중앙정보부장 김재규였어. 이 자리에서 부마 항쟁 같은 시위가 서울에서 일어나면 어떻게 대처할지를 논의했지. 박정희는 그럴 경우에는 강경하게 진압해야 한다며 이렇게 말했어.

"서울에서 4·19와 같은 데모가 일어난다면 내가 발포 명령을 내리겠다. 자유당 때는 최인규나 곽영주 같은 친구들이 발포를 명령해 사형을 받았지만, 대통령인 내가 발포를 명령하는 것을 누가 뭐라고 하겠는가."

그러자 대통령의 신임을 받고 있던 차지철 경호실장이 맞장구를 쳤어.

"캄보디아에서는 3백만 명을 죽여도 까딱없었는데, 우리도 탱크로 데모 대원 1, 2백만 명 깔아뭉개는 건 문제도 아닙니다."

그렇지만 중앙정보부장 김재규는 생각이 달랐어. 현지 시민들이 시위대를 지지하는 분위기라는 사실을 이미 보고받았기 때문에 무력 진압만으로는 사태가 해결되지 않는다고 보았지.

사실 김재규는 일찍부터 유신 체제 자체에 대해 깊이 생각하고 있었어. 유신 체제는 박정희 한 사람의 영구 집권을 위한 것이었거든. 박정희는 자기 뒤를 이을 후계자를 기르지도 않았어. 따라서 박정희 이후에 유신 체제가 어떻게 유지될 수 있을까 의문이 들었지. 게다가 언제까지나 국민을 공포 분위기로 억누를 수도 없는 노릇이었어. 자칫하다가는 4·19 혁명 같은 민중 봉기가 일어날지도 모르는 일이었어.

김재규는 박정희에게 자신의 이런 걱정을 말하고 의논할 생각이었는데, 차지철은 그러한 김재규를 겁쟁이처럼 대했지. 순간 김재규는 생각했어. 박정희가 이처럼 일개 경호실장에게 휘둘릴 지경이라면 유신 체제의 미래는

현장 검증 중인 김재규
박정희 대통령을 시해한 김재규가 체포된 뒤, 현장 검증에서 포승줄에 묶인 채 권총을 들고 사건 당시를 재연하고 있다.

어둡다고 말이야. 그렇다고 대화로써 문제를 해결할 방도도 없었지.

마침내 김재규는 자기가 박정희와 차지철을 제거해 유신 체제의 문제를 단번에 해결하는 것이 낫겠다고 결심했어. 10월 26일 저녁 궁정동에서 울린 총소리는 바로 이러한 생각 끝에 결단을 내린 김재규의 권총에서 나온 것이었어.

그동안 박정희 정부는 독재 체제를 유지하기 위해 사회 구석구석을 감시하고 정부를 비판하지 못하도록 겁을 주어야 했어. 그런 일을 하는 핵심 기관이 바로 중앙정보부였지. 사람들은 중앙정보부가 누구든 쥐도 새도 모르게 붙잡아 가 죽여 버릴 수 있다고 믿을 정도였어. 바로 그런 기관의 우두머리가 박정희의 머리에 총을 쏘아 유신 체제를 끝장내 버린 거야.

김재규의 생각대로 박정희가 죽자 유신 체제는 바닷가에 쌓은 모래성처럼 무너져 내렸어. 그런데 불행히도 유신 체제가 무너진 그 자리에 무엇을 세울 것인지는 아무도 준비하고 있지 않았지. 정부 요인들, 여당과 야당 정치인들, 사회의 지식인들이 충격 속에서 우왕좌왕하는 사이에 한국 사회는 또다시 혼란의 소용돌이로 빨려 들어가기 시작했단다.

개발 독재의 시대 153

3 민주주의와 통일을 향하여

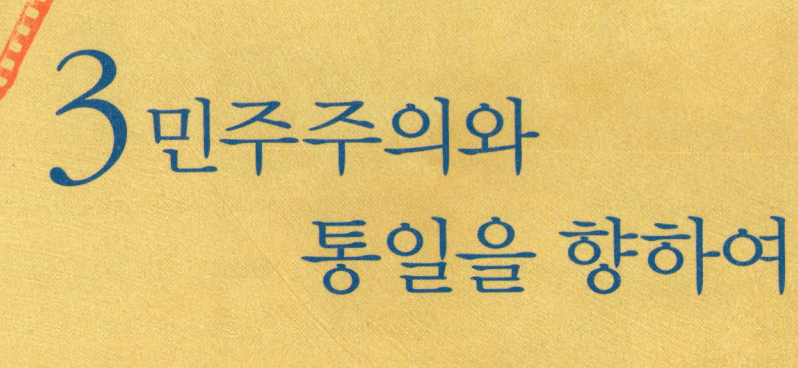

대한민국 정부가 수립된 뒤 이승만과 박정희 두 대통령은 독재를 일삼다가 비극적인 최후를 맞이했어. 그 뒤에도 다시 군인들이 나서서 유신 체제를 연장하려 하자 국민들은 격렬하게 저항했지. 결국 5·18 민주화 운동과 6월 민주 항쟁이라는 값비싼 대가를 치르고 나서야 비로소 민주주의 정부를 세우는 데 성공했어. 민주화와 함께 우리 민족이 품은 또 하나의 염원은 통일이야. 남북한이 서로에 대한 증오를 떨쳐 버리고 함께 잘 사는 나라를 만드는 일은 아직도 숙제로 남아 있단다.

키워드 18   5·18 민주화 운동

"아아, 광주여! 우리나라의 십자가여!"

이 제목은 1980년 6월 2일 자 전남매일신문 1면에 실린 김준태 시인의 시 제목이야. 5월 18일부터 27일 사이에 광주에서 벌어진 엄청난 비극적 사태를 담은 시였지. 1979년 10·26 사건으로 박정희가 죽고, 유신 체제는 무너졌어. 하지만 그 뒤 정세는 민주주의가 회복되리라는 국민들의 열망과 반대 방향으로 흘렀어. 그리고 끝내 광주에서 피바람이 불고 말았지.

【 정국을 장악한 신군부 】

10·26 사건을 일으킨 김재규는 자신이 정국을 주도하며 뒷수습을 할 생각이었어. 하지만 상황은 그의 뜻대로 흘러가지 않았단다.

  대통령이 죽은 비상사태 속에서 가장 빠르게 움직인 세력은 군부였어. 지난 1961년 박정희가 군인 신분으로 쿠데타를 일으켜 정권을 장악했듯이, 이번에도 군인 가운데 박정희의 총애를 받아 온 전두환 보안 사령관이 나섰어. 전두환은 합동 수사 본부의 본부장 직위를 맡아 김재규를 박정희 살해범으로 체포해서 정국이 김재규의 뜻대로 흐르지 못하게 막았어. 그러고는 자신이 정국을 장악해 버렸지.

  그런데 10·26 사건이 일어나고 시간이 지나면서 박정희를 비판해 온 정치 세력들이 충격에서 벗어나 움직이기 시작했어. 야당 정치인 김영삼과 김대중이 그 중심이 되었지. 이들은 10·26 사건의 결과가 다시금 군사 정권이 들어서는 것이어서는 안 된다고 주장했어. 그동안 박정희 한 사람을 위한 권력 구조였던 유신 체제를 폐지하고 민주화의 길로 나아가야 한다는 거야. 그러려면 군인 신분인 전두환은 군대로 돌아가고 정치는 정치인들에게 맡겨야 한다고 주장했어.

이런 상황에서 활동적인 청년들은 직접 행동에 나서기도 했어. 그것이 1979년 11월 24일의 YWCA(기독교 여자 청년회) 위장 결혼식 사건이란다. 계엄령이 선포되어 정치 활동이 금지된 상태에서 합법적으로 의사 표시를 할 방법은 없었어. 그래서 청년들은 서울 한복판 명동에 있는 YWCA 강당에서 결혼식을 위장해 집회를 연 거야.

계엄사령부 합동 수사 본부장 전두환 1979년 11월 6일, 전두환이 박정희 대통령 시해 사건에 대해 발표하고 있다.

이날 집회에는 함석헌, 김병걸, 김승훈, 백기완을 비롯한 재야인사가 참석했어. 이들은 계엄령을 해제하고 새 대통령은 유신 체제의 기구인 통일 주체 국민 회의에서가 아니라 민주적인 선거 절차를 거쳐 뽑아야 한다고 주장했지. 그러나 이날 집회는 사람들에게 알려지지 않은 채 주모자들만 대거 체포되어 군부대로 연행되었고, 모진 고문을 받았단다.

전두환 보안 사령관은 정국을 이대로 내버려 두었다가는 자칫 주도권을 잃을지도 모른다고 생각했어. 그는 자기가 모든 권한을 장악해야 한다고 생각했지. 군의 위계상 참모 총장의 지휘를 받아야 하는 처지였지만, 그는 정승화 참모 총장을 무력으로 누르고 사실상 대통령의 권한을 행사했어. 명목상의 대통령 권한 대행은 최규하 국무총리였지만, 그는 전두환의 힘에 눌려 허수아비 같은 존재에 지나지 않았지.

1979년이 저물고 1980년이 밝아 오자 대학들이 겨울 방학을 끝내고 개학

하면서 대학생들이 움직이기 시작했어. 대학생들은 1960년 4·19 혁명의 주역이었고, 박정희가 유신 체제로 장기 집권했을 때는 그를 가장 격렬하게 비판해 온 세력이었지. 대학생들은 또다시 군인이 정치에 개입한다면 그에 맞서 싸워야 한다고 생각했어.

그래서 박정희가 학생회를 없애고 그 대신 설치한 군대식 기구인 학도 호국단부터 폐지하고 학생회를 부활시켰어. 그리고 학생회를 중심으로 전두환 퇴진과 민주화를 요구하는 시위를 이끌어 나갔지.

한편 전두환은 10·26 사건이 박정희가 불순한 의도를 품은 김재규에게 암살당한 비극이기 때문에, 이 사건을 빌미로 유신 체제에 변화를 가져올 이유는 없다고 생각했어. 그래서 자기가 박정희의 후임자가 되어 유신 체제를 유지해 가려고 했지. 전두환은 자기 주위에 노태우, 정호용 등 군인들을 불러 모으고, 신현확 등 박정희에게 충성했던 정치인들을 끌어들였어.

【 잊지 못할 '서울의 봄' 】

전두환이 이끄는 임시 체제가 힘을 모아 나가자 야당과 대학생의 반대는 점점 격렬해졌어. 3월 개학과 함께 대학생들의 시위가 시작되더니, 5월에 들어서는 대학생들이 시내까지 진출해 시위를 벌였어. 이 시기를 '서울의 봄'이라고 부른단다.

그 가운데 가장 규모가 큰 시위는 5월 15일의 서울역 앞 시위였어. 서울대, 연세대, 고려대를 비롯해 거의 모든 대학교 학생들이 교문을 박차고 나와 서울역 앞에 모였어. 그들이 펼쳐 든 현수막에는 '계엄 철폐, 독재 타도', '전두환은 물러가라' 등의 구호가 적혀 있었지.

한낮이 되자 서울역 앞으로 수많은 사람들이 모여들어 서울역에서 남대문 사이의 거리는 발 디딜 틈조차 없을 만큼 꽉 찼어. 1960년 4·19 혁명 이

서울역 광장을 가득 메운 시위대 1980년 5월 15일, 서울에 있는 대부분의 대학교 학생들이 서울역 앞 광장으로 쏟아져 나와 전두환의 퇴진과 민주화를 요구했다.

후 20년 만에 처음으로 20여만 명의 시위대가 모인 이날, '서울의 봄'은 절정을 이루었어.

【아, 광주여】

이날 시위를 지켜본 전두환은 막다른 골목에 다다랐다고 생각했어. 자칫하다가는 정국의 주도권을 야당 정치인과 대학생들에게 빼앗길지도 모른다는 위기감을 느꼈지. 그래서 계엄령을 더욱 강화해 군부를 중심으로 정국의 주도권을 장악하고 민주화 목소리를 힘으로 억누르기로 했어. 전두환은 5월 17일을 기점으로 계엄을 전국으로 확대하고 일체의 정치 활동을 금지하는 조치를 내렸어.

이러한 조치에 가장 강력하게 반발한 쪽은 물론 대학생이었지. 5월 18일,

계엄군과 대치 중인 전남대학교 학생들 1980년 5월 17일 밤, 전남대학교에 진주한 계엄군이 도서관에서 공부하고 있던 학생들을 무차별적으로 구타하고 감금했다. 18일에는 정문 앞에서 등교하는 학생들을 막고, 이에 항의하는 학생들을 두들겨 패고 연행했다. 학생들이 광주역과 금남로로 진출해 항의 시위를 벌이면서 5·18 민주화 운동이 시작되었다.

날이 밝자 전국의 대학에 학생들이 모여들기 시작했어. 하지만 대학에는 이미 휴교령이 내려져 있었고, 교문은 총검으로 무장한 군인들이 굳게 막고 있었어. 교문 앞에 모인 학생들은 군인들에게 맞서 시위를 벌였지. 서울과 전국의 각 대학 앞에서 비슷한 상황이 벌어졌어. 하지만 맨손뿐인 대학생은 총검으로 무장한 군인의 상대가 될 수 없었지. 대학생들은 순식간에 군인들에게 붙잡혀 몽둥이 세례를 받아야 했어.

그렇지만 모든 시위가 군인들에게 진압당한 것은 아니었어. 전라남도 광주의 전남대학교 학생들은 교문에서 시위가 막히자 시내로 진출해 거리 시위에 나섰어. 전투 경찰의 저지에 막힌 시위대는 돌을 던지며 맞섰지.

곤봉으로 학생을 내려치고 있는 계엄군

한편 계엄을 강화한 전두환은 광주에서 큰 시위가 벌어지고 있다는 보고를 받고, 이 시위가 다른 지역으로 번지기 전에 진압해야 한다고 판단했어. 그래서 공수 부대를 광주에 투입했지. 공수 부대는 적군을 상대로 무자비하게 무찌르는 훈련을 해 온 특수 부대였어.

공수 부대는 마치 적군을 상대하는 것처럼 시위대를 살벌하게 진압했어. 그들은 시위대가 돌멩이를 던지자 시위대를 향해 돌진해서 곤봉으로 무자비하게 두들겨 팼어. 그래도 시위대가 계속 저항하자 총에 칼을 꽂아 총검술로 시위대를 살상하기까지 했단다.

이전까지는 진압 경찰이 시위대를 해산시키려고 최루탄을 쏘면 시위대는 돌멩이를 던지며 저항하는 식이었어. 그런데 광주에서는 군인들이 무차별로 휘두르는 곤봉에 시위대가 머리를 맞아 골이 터지고, 대검에 찔려 피가 튀는 전쟁터로 변해 버렸어.

이 광경을 지켜보던 광주 시민들은 울분을 참을 수가 없었어. 나라를 지켜야 할 군인들이 민주화를 요구하는 시위대를 마치 적군처럼 공격하는 모습을 보고는

공수 부대 투입 시위가 잦아들지 않자 정부는 광주에 공수 부대를 투입해 잔인하게 진압했다. 1980년 5월 20일, 광주 금남로에 모인 시민들이 계엄령 철폐를 요구하며 공수 부대와 대치하고 있다.

이럴 수는 없다고 생각했지.

하루 이틀 지나면서 광주의 시위는 전두환의 뜻대로 진압되기는커녕 시민들이 시위대에 합세하여 규모가 점점 더 커져 갔어. 5월 21일이 되자 시위대 규모는 엄청나게 불어나서 도청 앞 광장을 가득 메웠어. 도청을 마지막 보루로 삼아 지키고 있던 공수 부대는 최후의 수단을 사용했어. 바로 총을 쏘기 시작한 거야. 그러나 광주 시민들은 총 앞에서도 굴복하지 않았어. 마침내 군인들은 도청을 시위대에 내주고 후퇴할 수밖에 없었지. 이로써 시위대는 5월 22일부터 광주를 완전히 장악했단다.

광주에서 물러난 군인들은 시 외곽을 봉쇄하고 다른 지역 사람이나 차량이 광주로 들어가는 길을 막았어. 광주 시민들은 외부와 완전히 단절된 채 고립될 수밖에 없었지. 이때 많은 광주 시민들은 서울과 부산을 비롯한 다

시내를 질주하는 시민군 계엄군이 시위대를 진압하기 위해 총기를 사용하자 광주 시민들은 스스로 무장해 시민군을 결성하고 계엄군에 맞섰다. 결국 계엄군은 시민군에 밀려 광주에서 철수했다. 광주를 장악한 시민군이 트럭을 타고 시내를 질주하자 시민들이 박수를 보내며 환호하고 있다.

음식을 준비하는 시민들 계엄군이 광주시 외곽을 봉쇄하고 통행을 막는 과정에서 수많은 사람들이 계엄군의 총에 목숨을 잃었다. 이런 상황에서도 광주 시민들은 수습 대책 위원회를 구성해 질서를 지키고 현장을 정리했다. 부녀자들이 시민군에게 제공하기 위해 음식을 만들고 있는 모습이다.

헌혈하는 사람들 부상자들에게 수혈할 피가 부족하다는 소식을 들은 시민들은 광주 시내 병원마다 몰려가 헌혈에 나섰다.

른 도시에서도 시위가 일어나 군인들을 물리치기를 바랐어. 하지만 그런 일은 일어나지 않았어. 군인들의 삼엄한 경계에 눌려 모두 숨을 죽이고 지내야만 했으니까 말이야.

이런 와중에도 광주 시민들은 큰 혼란 없이 스스로 질서를 지켜 나갔어. 군인도 경찰도 물러간 치안 공백 상태였지만, 광주에서는 절도나 강도 같은 사고가 한 건도 일어나지 않았다고 해. 그만큼 광주 시민들의 민주 의식이 높았던 거야.

그렇지만 전두환은 광주를 그대로 둘 수 없었어. 결국 5월 27일, 전격적인 군부대 투입 작전으로 광주 시위를 진압했지. 이날 헬기를 이용해 군인이 도청에 투입되던 순간, 많은 젊은이들은 자신이 죽을 것을 알면서도 도청에 남아 끝까지 싸우다가 목숨을 잃었단다.

도청 앞 발포로 목숨을 잃은 시민들 1980년 5월 27일 새벽 2시, 계엄군이 광주에 다시 투입되어 도청을 점령하고 광주시를 장악했다. 이 과정에서 많은 시민군이 참혹하게 목숨을 잃었다.

【 민주화의 십자가를 진 광주 시민들 】

열흘 동안 계속된 5·18 민주화 운동 기간에 숨진 이가 200여 명에 이를 만큼 희생이 컸어. 하지만 이들의 희생은 헛되지 않았어. 군인 전두환이 박정희를 이어받아 집권하는 것에 이처럼 처절한 반대가 있었다는 사실이 피로써 기록된 거야. 전두환으로서는 손에 피를 묻힌 채 집권하는 셈이 된 거지.

광주 시민의 핏자국을 지울 수 없

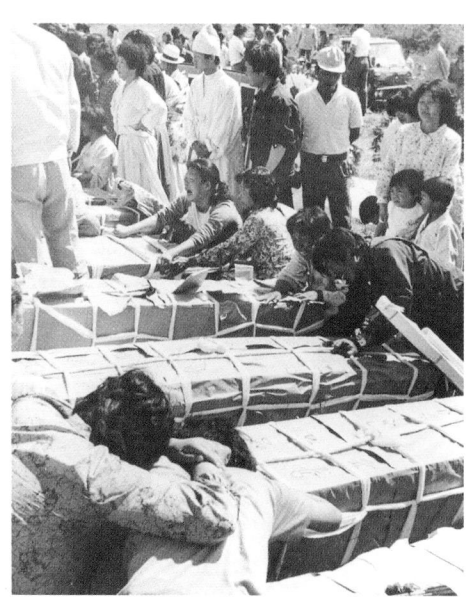

희생자들의 장례식 1980년 5월 29일, 망월동에서 민주화를 위해 싸우다가 희생된 사람들의 장례식이 치러졌다. 129구의 시신 앞에서 유족들이 통곡하고 있다.

었던 전두환은 7년 뒤 온 국민의 저항에 굴복하게 돼. 광주 시민들의 희생이 한국의 민주화에 값진 밑거름 역할을 한 거야. 어떤 이들은 5·18 민주화 운동이 호남 사람들의 기질 때문에 일어났다고 말하기도 해. 그러나 '서울의 봄' 이후 민주주의를 향한 국민들의 열망은 한결같았어. 서울, 부산, 대구, 광주 할 것 없이 모두 같았지. 그중에서 광주 시민들이 조금 더 용감했을 뿐이야. 마치 4·19 혁명 때 마산 시민들이 조금 더 용감했듯이 말이야.

　김준태 시인이 "아아, 광주여! 우리나라의 십자가여!"라고 표현한 것은 바로 그런 뜻이었어. 예수가 모든 이들의 죄를 대신해 십자가를 지었듯이, 광주 시민들이 전 국민의 민주화 염원을 대신해 피의 희생을 치른 것이라는 말이었단다.

국립 5·18 민주 묘지 5·18 민주화 운동의 희생자들이 묻힌 곳이다. 광주시 운정동에 있다.

키워드 19

제5공화국과 6월 민주 항쟁

시민의 함성이 민주화를 이루다

전두환이 집권한 정부를 제5공화국이라고 불렀어. 해방 후 이승만의 제1공화국에 이어 4·19 혁명에 의한 제2공화국, 5·16 군사 쿠데타에 의한 제3공화국, 유신 체제에 의한 제4공화국에 이은 정부라는 뜻이지. 그런데 제5공화국의 앞날은 이전의 공화국들과 다름없이 어두웠단다.

【 제5공화국이 가져다준 선물들 】

5·18 민주화 운동을 진압한 전두환은 국가 보위 비상 대책 위원회를 구성해서 이 기구에 입법·행정·사법의 3권을 집중시켜 권력을 손에 넣었어. 그리고 1980년 8월 27일, 통일 주체 국민 회의에서 단독 후보로 대통령에 당선되었지. 이는 겉으로만 보면 유신 체제가 그대로 유지된 것이었어.

그러나 전두환에게는 고민이 있었어. 그의 손에는 광주 시민들이 흘린 피가 묻어 있었고, 그 피는 국민들이 더 이상 박정희 방식의 유신 체제를 지지하지 않는다는 증거이기도 했기 때문이야. 그러니 아무리 막강한 권력을 동원한다 해도 국민의 지지를 얻기는 어려웠지. 20년 전 박정희가 5·16 군사 쿠데타를 일으킬 때와는 아주 다른 상황이었어. 그때는 많은 국민들에게 박정희가 혼란을 수습하고 강력한 지도력을 보여 주기를 바라는 마음이 있었지. 그래서 별다른 저항 없이 제3공화국을 출범시킬 수 있었던 거야. 하지만 전두환에게는 국민들의 그런 지지가 전혀 없었어.

그래서 전두환은 유신 체제와 자신을 단절시키기로 했어. 유신 체제는 부정과 부패로 얼룩진 장기 집권 체제였다고 비판하며 '정의 사회 구현'을 앞

삼청 교육대 훈련 국민들의 민주화 열망을 짓밟고 권력을 잡은 전두환은 국민들의 마음을 얻기 위해 사회악을 없앤다는 구실로 삼청 교육대를 만들었다. 그러나 실제로는 정부에 비판적인 사람들을 비롯해 죄 없는 시민들까지 무조건 군부대로 끌고 가 순화 교육을 한다며 가혹한 훈련을 시켰다.

세워 새로운 체제를 출범시키겠다고 했어. 전두환은 헌법을 개정하여 장기 집권이 불가능하도록 대통령 임기를 7년 단임제로 못 박았어. 그렇지만 선출 방법만은 유신 체제 그대로 간접 선거 제도를 택했지. 그리고 바뀐 헌법에 따라 11대 대통령으로 당선되어 정부를 이끌면서 이를 제5공화국이라고 이름 붙였어.

정부 이름은 바뀌었지만 그것만으로 국민의 마음을 얻을 수는 없었어. 그래서 전두환은 국민의 지지를 얻기 위해 여러 가지 조치를 내놓았단다.

그 가운데 가장 획기적인 것은 야간 통행금지 해제였어. 그전까지 모든 국민은 밤 12시부터 새벽 4시까지 집 밖으로 나오는 것이 금지되어 있었어. 야간 통행금지는 원래 1945년 해방이 될 때 남한에 진주한 미군이 군정을 실시하면서 내린 조치였어. 그런데 미 군정이 끝나고 대한민국 정부가 들어섰는데도 계속 유지된 거야. 특히 6·25 전쟁을 거치면서 야간 통행금지는 국민들에게 이전보다 더 익숙한 제도가 되었단다.

하지만 야간 통행금지는 시민들의 일상생활에 아주 큰 불편을 주었어. 친구들과 어울려 밤늦게까지 놀다가 자칫 통행금지 시각을 넘기면 그 자리에서 경찰에 체포되어 유치장에 갇혀야 했지. 날이 밝으면 법정에 불려가 벌금형을 선고받고, 벌금을 내고 나서야 풀려날 수 있었어.

통행금지가 없는 날이 1년에 딱 이틀 있었는데, 12월 24일 크리스마스 이브와 1년의 마지막 날인 12월 31일 밤이었어. 12월 31일 밤은 새해를 맞는 밤이라 대부분의 사람들이 가족과 함께 집에서 지냈기 때문에, 실제로 통행금지 없이 마음껏 즐길 수 있는 날은 유일하게 크리스마스 이브였어. 따라서 크리스마스 이브가 되면 많은 젊은이들이 거리로 몰려나가 해방감을 만끽하며 놀았지. 이 때문에 우리나라의 크리스마스 문화는 본고장인 미국이나 유럽보다도 더 흥청망청 노는 분위기가 되었단다.

그러다가 1982년 통행금지가 폐지되자 많은 시민들은 갑자기 맞이한 자유로운 밤에 어리둥절해했어. 밤늦게까지 영업하는 심야 다방이 생기고, 곧이어 밤새 문을 여는 식당과 영화관도 생겼지. 한동안 젊은이들은 별일이 없는데도 밤거리를 쏘다니며 통행금지가 없는 세상을 즐겼어.

전두환의 선물은 여기서 그치지 않았어. 프로 야구를 출범시켰는데, 각 팀이 지역에 연고를 두는 방식을 택했어. 그러자 야구 팬들은 게임의 승부에 자기 고향에 대한 애향심을 결합시켜 열광했지. 특히 5·18 민

야간 통행금지 해제 1982년 1월, 전두환 정권은 국가의 이미지를 개선하고 경제를 활성화할 목적으로 야간 통행금지를 해제했다. 통행금지를 환영한다는 팻말을 붙인 포장마차의 밤 풍경이다.

프로 야구 창단 개막식 1982년 3월, 지역에 연고를 둔 6개 구단으로 프로 야구가 출범했다.
프로 야구 창단 개막식 때 각 구단의 선수들이 입장하고 있는 모습이다.

주화 운동을 진압당한 뒤로 침체돼 있던 많은 호남 사람들은 고향 팀인 해태 타이거즈 팀 응원에 열정을 쏟아부었어.

　사람들의 생활을 획기적으로 바꾼 또 한 가지는 컬러 텔레비전 방송이 시작된 것이었어. 오늘날에는 흑백 텔레비전 화면을 상상하기 힘들지만 그때만 해도 컬러 화면은 큰 충격이었지. 이러한 변화는 국민들의 색채감에 많은 영향을 끼쳐서 의복을 비롯한 생활용품의 색채가 이전과는 비교할 수 없을 정도로 '컬러풀'해졌단다.

컬러 텔레비전 전시장에 몰린 사람들
1980년 전두환 정권이 들어선 뒤 컬러 텔레비전 방송이 시작되었다. 컬러 텔레비전은 색채에 대한 사람들의 안목을 높이고 유행에 빨리 적응하게 했다.

민주주의와 통일을 향하여

【 노는 건 자유, 정치는 억압 】

제5공화국은 시민들의 일상생활과 관련해 이렇게 많은 변화를 가져다주었지만, 정치 영역에서만큼은 유신 체제와 본질적으로 달라지지 않았어. 대통령을 한 번 하고 임기를 마치면 다시 대통령에 출마할 수 없는 단임제로 바꾸었다고는 해도 여전히 간접 선거 제도를 채택했기 때문에, 통치권자인 전두환이 후계자를 선정해 권력을 넘겨주는 방식이 가능했지.

무엇보다도 정치적인 의사를 표현할 수 있는 자유는 유신 체제에서처럼 극도로 제한되어 있었어. 방송과 신문을 비롯한 모든 언론 매체를 정부가 배후에서 조종해 정부에 비판적이거나 불리한 기사는 보도될 수 없었고, 정부에 유리한 기사나 정보 홍보성 기사만 넘쳐났지. 사람들은 매일 밤 9시에 방송되는 공영 방송의 텔레비전 뉴스를 '땡전 뉴스'라고 비아냥거렸어. 9시를 알리는 '땡' 소리와 함께 뉴스가 시작되는데, 이때 "전두환 대통령 각하께서는……"으로 시작하는 보도가 하도 많았기 때문이야.

보도가 통제된 가운데서도 전두환 정부에 대한 비판과 저항의 움직임은 끊이지 않았어. 그 중심은 대학생들이었어. 대학생들은 전두환에게 '광주에서의 시민 학살'에 대한 책임을 묻는 시위를 꾸준히 벌였어. 학생들은 그 책임을 전두환 정부뿐 아니라 미국에도 물었어. 왜냐하면 6·25 전쟁 이래 한국군에 대한 작전 통제권은 유엔 사령부에 있었고 유엔 사령관은 미군이 맡고 있었기 때문에, 5·18 민주화 운동 당시 전두환이 공수 부대를 광주로 이동시키도록 허가해 준 것도 미군 사령관이라는 주장이었지.

1982년 3월 18일, 부산에서 문부식, 최인순, 김지희 등의 대학생들이 부산 미국 문화원에 불을 지르고 미국을 비판하는 유인물을 뿌리며 시위를 벌였어. 그때만 해도 6·25 전쟁 때 우리를 도와준 미국에 반대하는 시위를 벌이는 것은 큰 충격이었단다.

부산 미 문화원 방화와 서울 미 문화원 점거 농성 1982년 3월 18일, 부산의 대학생들이 부산 미 문화원을 점거하고 불을 지르자 소방대원들이 불을 끄고 있다. 오른쪽은 1985년 5월 23일, 서울의 대학생들이 서울 미 문화원을 점거하고 "광주 학살 책임지고 미국은 공개 사죄하라."고 요구하는 모습이다.

1985년 5월 23일에는 함운경 등 대학생 70여 명이 서울에 있는 미국 문화원을 점거하고 농성에 들어갔어. 대학생들은 "미국은 광주 학살을 책임지고 사죄하라."고 요구했지.

한편 각 대학에서도 시위 운동이 끊이지 않았어. 전두환 정부는 시위를 막기 위해 대학 안에 사복 입은 형사들을 상주시켜 정보를 수집하게 하고, 시위가 일어나면 즉각 전투 경찰을 출동시켜 최루탄을 쏘며 진압했어. 검거된 주동자들은 '집회 및 시위에 관한 법률'에 따라 구속되고 대부분 2년이 넘는 중형을 선고받아 감옥에 갇혔지.

당시 전투 경찰이 얼마나 빨리 출동했는지, 시위를 주동한 학생이 높은 곳에 올라가 "학우여!" 하고 외치며 유인물을 뿌리기 시작하면 10분도 채 안 돼 체포조가 나타나 주동자를 끌고 가곤 했어. 이런 사태가 반복되자 학생들은 체포조가 접근하기 힘든 높은 건물로 올라가 좁은 난간에 밧줄로 몸을 묶고 위태롭게 시위를 벌이기도 했어. 그 과정에서 서울대 학생 한 명이 도서관 난간에서 떨어져 죽는 사고까지 있었지. 채광석이라는 시인은 이러한 시대상을 「밧줄을 타며」라는 시로 풍자하기도 했단다.

학생들의 저항이 좀처럼 수그러들 기미가 없자, 정부는 정보기관과 수사 기관을 총동원해 학생 운동 지도부를 검거하기 시작했어. 그러던 중 1987년 1월, 서울대 학생 박종철이 체포되어 치안 본부(지금의 경찰청) 대공 수사단 남영동 분실로 끌려갔어. 이곳은 수많은 민주화 운동가들을 붙잡아다 고문한 곳으로 유명했단다. 취조실은 작은 독방인데, 철제 책상에 의자 두 개가 마주 보며 놓여 있고 벽 한쪽에는 침상이, 다른 쪽 벽면에는 욕조가 있었어. 물론 욕조는 조사받는 사람이 목욕할 수 있도록 배려한 시설이 절대 아니었지. 바로 물고문을 하기 위한 시설이었어.

취조관들은 박종철에게 학생 운동 지도부가 어디에 있는지 대라고 다그쳤지만 박종철은 입을 열지 않았어. 그러자 물고문이 시작됐어. 건장한 수사관 여러 명이 박종철의 등 뒤에서 팔을 꺾어 붙든 채 물이 찬 욕조에 머리를 처박았지. 그렇게 여러 차례 되풀이되는 물고문에 박종철은 그만 질식사하고 말았어.

이 사건이 세상에 알려지자 많은 이들이 울분을 토했어. 5·18 민주화 운동을 무참하게 짓밟은 전두환 정부가 끝내 젊은 학생들을 죽음으로 몰아가고 있다고 생각했기 때문이야. 더구나 이 무렵 전두환의 대통령 임기는 말기로 접어들고 있었는데, 다음 대통령은 전두환과 함께 5·18 민주화 운동을 잔인하게 진압한 동료 군인 노태우에게 물려줄 것이 확실했지. 그러자 종교계의 문익환 목사, 박형규 목사, 김승훈 신부, 함세웅 신부

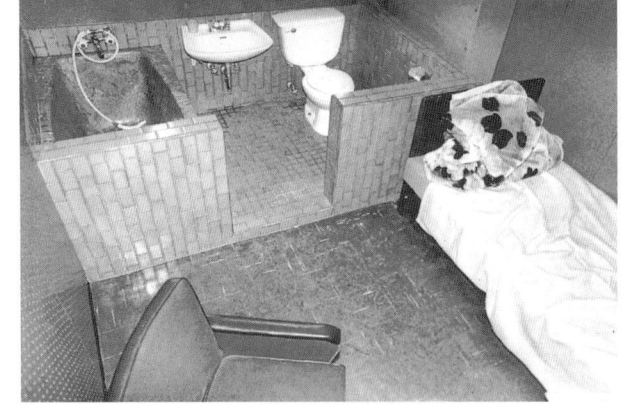

박종철을 고문한 치안 본부 대공 분실 내부

를 비롯해 많은 양심적인 인사들이 힘을 모아 전두환 정부를 비판하는 목소리를 내기 시작했어.

【 전두환, 6월 민주 항쟁에 굴복하다 】

김영삼과 김대중이 이끄는 야당 정치인들도 이 대열에 합류했어. 이들은 한자리에 모여 '민주 헌법 쟁취 국민 운동 본부'라는 하나의 대오를 이루었어. 그리고 한목소리로 "호헌 철폐, 독재 타도"라는 구호를 외쳤어. 대통령 간선제를 규정한 제5공화국 헌법을 폐지하고 민주 헌법을 시행하라는 것이었지. 그리고 국민들이 직접 대통령을 뽑는 직선제를 쟁취해 독재 정권을 끝장내자는 것이었어.

국민 운동 본부는 전국을 돌며 시위를 벌였어. 시위대와 전투 경찰이 곳곳에서 충돌하는 바람에 전국이 최루탄 연기로 자욱할 지경이 되었단다. 1987년 6월 10일, 국민 운동 본부는 서울에서 대규모 집회를 열었어. 시위대가 서울 시내를 행진하자, 주변 빌딩에서 근무하던 직장인들이 일제히 창밖으로 두루마리 휴지를 던져 지지를 표시하는 기묘한 풍경이 연출되었어. 낮 12시에는 주최 측이 정한 행동 지침에 따라 교회와 절에서 일제히 종을 쳤고, 길을 가던 많은 자동차들이 경적을 울렸어.

이날 서울뿐만 아니라 전국 20개 도시 곳곳에서 호헌 철폐를 요구하는 시위가 일어났어. 그리고 6월 10일을 정점으로 그 뒤 20여 일 동안 전국적으로 민주화 운동이 벌어졌지. 이를 '6월 민주 항쟁'이라 한단다. 박종철이라는 한 학생의 죽음이 1980년 5·18 민주화 운동 이후 숨죽이고 있던 시민들의 민주주의를 향한 열망에 불을 지핀 셈이 되었어. 그 불은 국민 운동 본부라는 장작더미에 옮겨붙어 전국을 민주화의 불길로 뒤덮이게 했단다.

전두환과 노태우는 궁지에 몰렸어. 계속 버티려면 5·18 민주화 운동 진

압 때와 같은 비극을 또 한 번 감수해야 할 것 같았어. 결국 그들은 후퇴하는 것이 자기들이 살아남는 길이라는 것을 깨달았어.

1987년 6월 29일, 전두환 정부는 대통령을 직선제로 선출하는 개헌을 실행하겠다고 약속하는 선언을 했지. 이로써 5·18 민주화 운동을 진압하고 들어선 제5공화국은 7년 만에 역사의 뒤안길로 사라지고 민주화의 길이 열리게 되었어.

6·29 선언 기사를 읽는 시민들 1987년 6월 29일, 시민들의 6월 민주 항쟁에 굴복한 전두환은 다음 대통령 후보였던 노태우를 앞세워서 대통령을 직접 선거로 뽑겠다고 선언했다.

미국 독립 선언서를 쓴 토머스 제퍼슨은 "자유의 나무는 애국자와 독재자의 피를 먹고 자란다."고 했어. 민주주의를 이루어 가는 과정에는 수많은 난관이 있고 또 많은 이들의 희생이 따르게 마련이라는 뜻이지. 이 말은 마치 제퍼슨이 우리나라를 두고 한 것 같아. 해방 이후 우리나라의 민주주의 역사는 온통 독재자와 그 독재자에게 맞서 싸운 사람들의 피로 얼룩져 있으니 말이야.

오늘날 우리가 당연하게 누리는 권리들, 예를 들면 자유롭게 말할 수 있는 권리, 부당하게 체포당하지 않을 권리, 투표권을 행사할 수 있는 권리 등, 그 가운데 어느 것 하나 공짜로 얻은 것이 없단다. 그 하나하나를 쟁취하기 위해 많은 사람들이 기꺼이 피를 흘리며 죽어 갔다는 사실을 우리는 잊지 말아야 해.

키워드 20 　서울 올림픽

세계화의 첫걸음을 내딛은 서울 올림픽

해방 이후 한국은 지리적으로는 한반도의 남쪽을 차지하고 있지만, 정치적으로는 섬과 같았어. 북한에 가로막혀 북으로 통행하는 길은 완전히 막혔고, 독재 정권은 국민들이 자유로이 해외로 나가는 것을 엄격하게 통제했어. 그런 외딴 섬 한국이 비로소 세계를 향해 눈뜨게 되는 계기를 만났는데, 바로 1988년에 열린 서울 올림픽이었단다.

【 세계인들의 주목을 받은 서울 올림픽 】

1987년 6월 민주 항쟁으로 제5공화국은 막을 내렸지만, 그 뒤를 이은 대통령 자리는 전두환의 동료인 노태우가 차지했어. 대통령 간선제가 폐지되고 국민이 직접 선출하는 선거를 맞이했지만, 야당 지도자 김영삼과 김대중은 야당 대통령 후보를 한 사람으로 단일화하라는 국민의 염원을 저버리고 각자 출마했어. 자연히 야당을 지지하는 국민들의 표는 둘로 나뉘었고, 그 탓에 노태우가 당선된 거야.

　이런 가운데 1988년 서울에서 올림픽이 열렸어. 그동안 국제 사회에서 한반도는 남북 분단과 6·25 전쟁으로만 기억되는 곳이었어. 한국 하면 떠오르는 이미지는 전쟁과 가난이었지. 실제로 올림픽이 서울에서 열린다고 했을 때 많은 나라의 선수들이 안전을 염려했다고 해. 그런 나라에서 올림픽이 열리게 되었으니 국제적으로 많은 관심이 쏠리는 건 당연한 일이었지.

　게다가 서울 올림픽은 이전에 열린 세 차례의 올림픽이 국제 정치상의 이유 때문에 반쪽짜리 대회로 그친 뒤에 열리는 행사여서 의미가 남달랐어.

즉 1976년 캐나다 몬트리올 올림픽에는 남아프리카 공화국의 인종 차별 정책에 항의하는 뜻으로 아프리카의 많은 국가들이 참여하지 않았고, 1980년 소련 모스크바 올림픽에는 당시 소련의 아프가니스탄 침공에 항의하는 표시로 미국을 비롯한 많은 서유럽 국가들이 참여하지 않았어. 1984년 미국 로스앤젤레스 올림픽에는 모스크바 올림픽 때 미국과 서유럽 국가들이 참여하지 않았던 것에 대한 보복으로 소련과 동유럽 국가들이 참여하지 않았지. 따라서 서울 올림픽은 12년 만에 비로소 제대로 된 세계인의 축제가 될 참이었어.

노태우 대통령은 전두환의 후계자라는 인식이 강했기 때문에 국민들의 지지를 별로 받지 못했어. 그는 서울 올림픽이 성공하면 지지율을 높일 수 있다고 보고 서울 올림픽이 성공적으로 개최되도록 엄청난 노력을 기울였어. 특히 지난 로스앤젤레스 올림픽에 참여하지 않았던 소련과 동유럽 국가들을 참가시키기 위해 각별히 노력했지.

그 무렵 국제 사회는 미국과 소련이 각각 자본주의 진영과 사회주의 진영을 이끌며 대립하는 냉전 체제를 이루고 있었어. 이러한 냉전 체제에서 한국은 그 어느 나라보다도 미국에 가까운 동맹국이었지. 따라서 소련과 동유럽 국가들, 그리고 또 하나의 사회주의 강국인 중국은 한국과 외교 관계도 맺지 않은 적대국 상태였어. 당연히 그들은 서울 올림픽 참가

서울 올림픽에 참가한 소련과 동독 선수
1988년 서울 올림픽에는 이전 1984년 올림픽 때 불참했던 소련과 동유럽의 사회주의 국가들이 대거 참여했다.
육상 남자 50킬로미터 경보에서 우승한 소련 선수를 은메달과 동메달을 딴 동독 선수들이 축하해 주고 있다.

에 적극적이지 않았지.

노태우 정부는 사회주의권 국가들의 참가를 어떻게든 이끌어 내야만 했어. 그래서 그들과 외교 관계를 맺기 위해 교섭을 하고 교역을 늘리는 등 새로운 외교 정책을 펼쳤지. 이를 '북방 외교'라고 했단다.

【 적극적인 북방 외교의 성공 】

정부가 전폭적으로 지원한 결과 서울 올림픽은 159개 나라가 참가한 가운데 성대하게 열렸어. 비록 북한과 쿠바 등 일부 나라가 불참했지만, 12년 만에 세계 대부분의 나라가 참가한 축제였지. 개막식 행사 때 어린 소년이 굴렁쇠를 굴리며 올림픽 주 경기장에 들어서는 모습은 전 세계 사람들에게 깊은 인상을 심어 주었단다.

서울 올림픽 개막식 서울 올림픽을 성공적으로 개최하여 한국은 국제적인 위상을 크게 높일 수 있었다.

서울 올림픽에서 한국은 금메달을 딴 순위로는 4위라는 좋은 성적을 거두었어. 하지만 세계 사람들은 한국이 4위를 했다는 사실보다, 자기들이 생각했던 것 이상으로 한국이 발전한 것에 놀랐어. 이제 한국은 전쟁의 폐허에서 헐벗고 굶주리는 나라가 아니었던 거야. 반듯한 도로와 높은 빌딩, 최첨단 시설과 활기찬 시민들의 모습이 세계 사람들에게 감명을 주었지. 서울 올림픽은 전쟁과 분단의 국가로만 알려져 있던 한국이 이제는 가장 빠르게 발전하는 나라라는 것을 세계에 알렸어.

서울 올림픽을 기점으로 남과 북의 체제 경쟁에서도 한국이 북한을 확실하게 앞서기 시작했어. 사실 6·25 전쟁이 끝난 뒤 먼저 피해를 복구하고 발전을 이룬 쪽은 북한이었어. 1960년대까지만 해도 남북한 주민의 생활 수준은 모든 면에서 북한이 앞섰지. 그러다가 70년대와 80년대를 거치면서 점차 바뀌었는데, 서울 올림픽이 그 결과를 분명하게 보여 준 거야.

북한을 지지해 온 소련과 동유럽 국가들도 이러한 사실을 부인할 수는 없었지. 여기에 노태우 정부의 북방 정책이 어우러지면서 1989년 헝가리를 시작으로 사회주의권 국가와 외교 관계를 맺어 나갔어. 1990년에 들어서면 사회주의권 국가 대부분과 외교 관계를 맺었지. 이로써 국제 정치 무대에서도 한국이 북한을 압도하면서 북한은 점점 고립되어 갔어.

정세가 이렇게 바뀌자 정부는 그동안 극도로 제한해 왔던 해외여행을 자유롭게 허가해 주었어. 그때까지 국민들은 냉전 체제에서 교육받아 왔기 때문에 해외여행 자체를 위험스럽게 바라보았어. 외국은 정체 모를 빨갱이들이 득실거리는 두려운 곳이었지. 하지만 서울 올림픽을 계기로 자신감이 생기자 비로소 세계 사람들과 어울릴 용기를 얻게 된 거야.

서울 올림픽은 동아시아의 폐쇄된 나라였던 한국이 세계화를 향해 가는 개방된 나라로 탈바꿈하는 전환점이 되었단다.

키워드 21   주체사상

주체사상과 수령론으로 무장한 북한 체제

1994년 7월 8일, 분단 이후 북한을 통치해 온 김일성이 82세의 나이로 세상을 떠났어. 그즈음 한국 대통령 김영삼과의 역사적인 남북 회담이 예정되어 있던 터라 남북한 모두 안타까움이 컸지. 김일성을 이어 북한의 지도자가 된 사람은 그의 아들 김정일이었어. 세계의 다른 어떤 사회주의 국가에서도 아들에게 권력을 물려준 경우는 없었지. 왜 북한에서는 이런 일이 일어난 걸까?

【전쟁 복구 작업에 힘쓰다】

1948년 남한에서 대한민국 정부가 수립되고 분단이 확실해지자, 북한에서는 이에 대응해 조선 민주주의 인민 공화국을 출범시켰어. 그 우두머리는 김일성이었지. 김일성은 일제 강점기에 만주 지방에서 소련, 중국과 협력하며 독립운동을 한 사회주의자였어. 김일성은 조선 민주주의 인민 공화국이 수립되자 내각의 수상 자리에 올랐지.

해방 무렵 김일성을 비롯한 사회주의자들은 자기들이 중심이 되어 한반도에 통일 정부를 세울 수 있다고 생각했어. 왜냐하면 일제 강점기 말기에 이르면 독립운동 세력 가운데 민족주의 진영은 대부분 일제에 투항해 친일파가 되었고, 남아 있는 양심적인 민족주의 세력은 아주 적었기 때문이야. 그러한 사실은 해방 뒤에 실시한 여론 조사에서 조선을 이끌어 갈 양심적인 지도자로 사회주의자인 여운형이 1위를 차지한 데서도 드러났지.

사정이 이러했기 때문에 북한은 비록 나름의 정부를 수립하면서도 머지않아 통일을 이루겠다는 열망이 강했어. 즉 북한 지도자들은 북한에 사회주의 국가를 세우는 일보다 남북 통일을 이루는 데 더 관심이 많았어. 이런 열망은 전쟁을 해서라도 통일을 이루어 하나의 나라가 되어야 한다는 극단적인 생각으로 이어졌고, 결국 1950년 6·25 전쟁을 감행하기에 이르렀던 거야.

기세 좋게 6·25 전쟁을 일으켰지만 결과는 참담했지. 북한 지도부는 통일을 이루기는커녕 같은 민족을 향해 총부리를 겨누고 서로 죽이는 차마 못할 짓을 한 범죄자로 낙인찍히고 말았어. 그리고 이제 통일은 단기간에 달성할 수 없는 과제가 되어 버렸지.

이때부터 김일성을 중심으로 한 북한 지도부는 북한 땅에서 먼저 사회주의 혁명을 완수한 다음 남한에도 전파시킨다는 쪽으로 전략을 바꾸었어.

사회주의의 제1원칙은 사유 재산을 없애고 '사회화'한다는 것이야. 그에 따라 북한은 농민들에게서 농지를 몰수하고 집단 농장을 만들었지. 그리고 공장을 모두 국유화하여 국가의 계획에 따라 산업을 개발하는 정책을 펴기 시작했어. 또한 모든 국민이 개인의 이익이 아니라 사회의 공동 이익을 위

협동 농장 북한의 협동 농장은 토지 등 생산 수단을 집단 소유로 하고 농업 생산을 공동으로 하는 사회주의적 집단 경영 체제였다. 추수가 끝난 뒤 농민들이 협동 농장에서 탈곡을 하고 있다.

해 일해야 한다며 '천리마 운동'을 펼쳐 나갔지.

천리마 운동은 하루에 천 리를 달린다는 전설 속의 천리마처럼 빠른 속도로 사회주의 경제를 건설하자는 뜻이야. 1956년 12월, 김일성이 하루빨리 사회주의 사회를 건설하기 위해 '천리마를 탄 기세로 달리자.'는 구호를 제시하면서 시작되었지. 이에 따라 북한은 자체 기술과 노동력만으로 트랙터와 자동차를 만들어 내는 등 공업 부문에서 높은 성장을 이룩했단다.

남한에서 이승만 정부가 부정과 부패로 썩어 가고 있을 때 북한은 정부의 계획에 따라 전쟁으로 폐허가 된 국토를 신속하게 복구하고 산업을 발달시켜 나갔어. 오늘날 남한에는 북한이 곧 망해서 남한에 흡수될 것이라고 보는 이들이 많아. 그런데 1950~60년대에는 이와 반대로 북한 사람들 대다수가 남한이 곧

천리마 동상 북한 산업화의 상징으로, 평양시 모란봉 기슭의 만수대에 있다.

트랙터 공장 1958년 북한의 노동자들은 설비나 기술도 제대로 갖추지 못한 상태에서 40일 만에 트랙터를 만들어 냈다. 천리마 운동 정신에 따라 트랙터의 이름도 '천리마 뜨락또르(트랙터)'로 지었다.

집단 체조 북한의 생활 양식은 집단주의적 성격을 띠고 있다. 수만 명이 참가하는 집단 체조는 북한의 집단주의 문화와 생활을 잘 보여 준다. 집단 체조는 주로 북한에서 최고의 명절로 치는 김일성, 김정일의 생일이나 노동당 창건일 등 국가 기념일에 공연한다.

망해서 북한에 흡수될 거라는 희망에 들떠 있었단다.

【 소련과 중국 사이에 낀 북한 】

그런데 국제 정세상 북한에 불리한 몇 가지 변화가 생겼어. 먼저 1953년에 소련 통치자 스탈린이 사망한 뒤 소련에서 스탈린에 대한 개인 숭배를 비판하는 움직임이 나타난 거야. 사회주의 강대국인 소련과 중국은 각기 스탈린과 마오쩌둥이라는 1인 지배 체제로 운영돼 왔어. 따라서 같은 사회주의 국가인 북한의 김일성 개인 숭배와 1인 지배 체제도 사회주의 국가의 자연스러운 현상의 하나로 인식하고 있었지. 그런데 소련에서 그것을 비판하는 운동이 일어나자 북한 지도부는 당황했어. 실제로 북한 정치 지도자들 사이에서 북한도 개인 숭배를 반대해야 한다는 움직임이 나타나기도 했지. 이런 움직임은 김일성에 대한 중대한 도전이었단다.

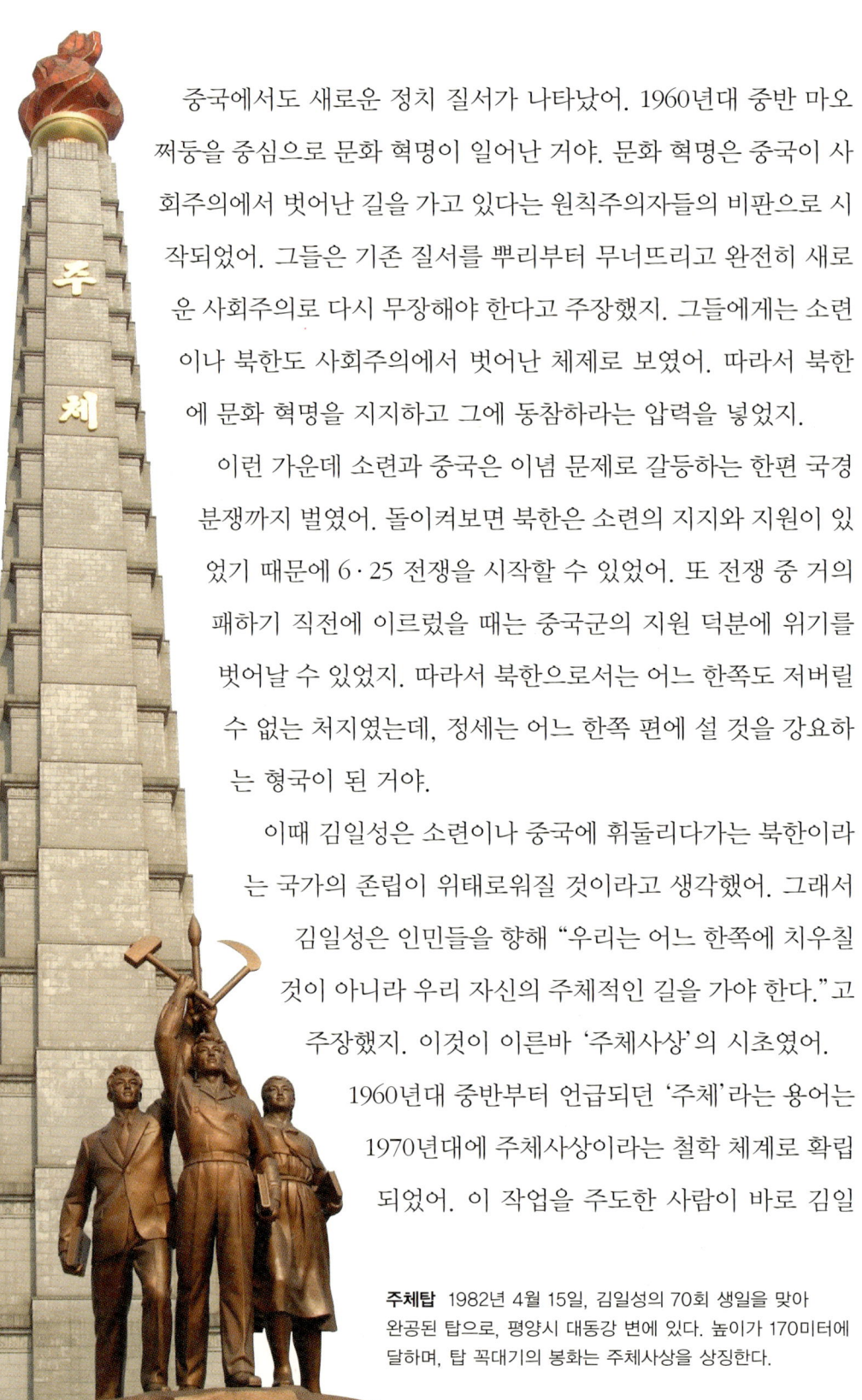

중국에서도 새로운 정치 질서가 나타났어. 1960년대 중반 마오쩌둥을 중심으로 문화 혁명이 일어난 거야. 문화 혁명은 중국이 사회주의에서 벗어난 길을 가고 있다는 원칙주의자들의 비판으로 시작되었어. 그들은 기존 질서를 뿌리부터 무너뜨리고 완전히 새로운 사회주의로 다시 무장해야 한다고 주장했지. 그들에게는 소련이나 북한도 사회주의에서 벗어난 체제로 보였어. 따라서 북한에 문화 혁명을 지지하고 그에 동참하라는 압력을 넣었지.

이런 가운데 소련과 중국은 이념 문제로 갈등하는 한편 국경 분쟁까지 벌였어. 돌이켜보면 북한은 소련의 지지와 지원이 있었기 때문에 6·25 전쟁을 시작할 수 있었어. 또 전쟁 중 거의 패하기 직전에 이르렀을 때는 중국군의 지원 덕분에 위기를 벗어날 수 있지. 따라서 북한으로서는 어느 한쪽도 저버릴 수 없는 처지였는데, 정세는 어느 한쪽 편에 설 것을 강요하는 형국이 된 거야.

이때 김일성은 소련이나 중국에 휘둘리다가는 북한이라는 국가의 존립이 위태로워질 것이라고 생각했어. 그래서 김일성은 인민들을 향해 "우리는 어느 한쪽에 치우칠 것이 아니라 우리 자신의 주체적인 길을 가야 한다."고 주장했지. 이것이 이른바 '주체사상'의 시초였어.

1960년대 중반부터 언급되던 '주체'라는 용어는 1970년대에 주체사상이라는 철학 체계로 확립되었어. 이 작업을 주도한 사람이 바로 김일

주체탑 1982년 4월 15일, 김일성의 70회 생일을 맞아 완공된 탑으로, 평양시 대동강 변에 있다. 높이가 170미터에 달하며, 탑 꼭대기의 봉화는 주체사상을 상징한다.

주체사상에 대한 국제 토론회 북한은 주체사상을 전 세계에 알리기 위해 1977년 9월, 평양에서 국제 토론회를 열기도 했다.

성의 아들 김정일이야. 김정일은 주체사상이 단지 소련과 중국 사이에서 일정하게 거리를 두고 중립을 유지하는 정책에 불과한 것이 아니라, 인간의 삶과 행동을 결정하는 사상이며 세계사에 크게 기록될 위대한 사상이라고 주장했어. 사회주의를 창시한 카를 마르크스는 인간은 물질적인 조건에 따라 규정된다고 했지만, 김일성은 인간이 의식적인 노력을 통해 물질적인 조건을 뛰어넘을 수 있는 주체적 존재라는 점을 증명했다는 거야.

【 주체사상과 유일 체제 】

김일성은 주체사상을 무기로 내부의 친소련파와 친중국파를 모두 제거하고 김일성에게 충성하는 이들로 권력을 채워 나갔어. 그런데 주체사상만으로는 김일성의 1인 체제 권력을 정당화할 수 없었어. 간단히 말하자면, 주체사상으로 무장한 지도자가 김일성 한 사람뿐이라고 단정할 수는 없는 것 아니겠니?

그래서 김정일이 주도하여 만들어 낸 또 하나의 사상 체계가 '수령론'이었어. 이는 사회의 운영 원리가 한 인간의 신체 활동과 비슷하다는 이론이야. 발은 걷는 일을 하고, 손은 물건을 집는 일을 하지. 이러한 활동을 총지휘하는 곳은 뇌이고, 뇌에서도 가장 중요한 핵심 부위는 뇌수이고. 인간 사회도 손과 발처럼 일상 활동을 하는 것은 대중이고, 대중을 지휘하는 기관은 당이며, 당을 지도하는 핵심은 수령이라는 주장이야. 따라서 사회는 수령이 없으면 운영될 수 없는 죽은 존재와 마찬가지가 돼. 수령은 잘못을 저지르지 않는 사람으로, 어느 누구도 함부로 침범할 수 없는 신성한 존재이지. 북한 사회에서 그러한 수령은 바로 김일성 한 사람이라는 거야.

민주주의 국가에서는 통치자를 선거로 뽑지만, 수령론을 따르는 사회에서는 수령이 살아 있는 한 수령의 지도에 따라 사회가 운영되어야 해. 이렇게 해서 김일성 한 사람이 북한을 통치하는 이른바 유일 체제가 만들어졌단다.

주체사상은 원래 소련과 중국의 정세 변화라는 외부 요인에 대응하기 위해 고안해 낸 북한의 생존 비법이었어. 그런데 그것이 수령론으로 연결되면서 유일 체제라는 기이한 형태가 되었지. 주체사상과 수령론은 잘못 끼운 단추와 비슷해. 단추를 한번 잘못 끼우면 계속 어긋나게 되지 않니?

김일성이 나이가 들면서 자연 수명이 한계에 다다르자, 김정일은 수령론에서 한 걸음 더 나갔어. 김일성이 죽으면 후계자를 어떻게 뽑을 것인지가 아주 중요한 문제가 되는데, 이에 김정일은 "대를 이

김일성 동상 1972년 평양시 만수대에 세워진 김일성 동상이다. 주체사상에 따라 김일성 숭배가 본격화하면서 북한 곳곳에 그의 동상이 세워졌다.

어 충성하자."는 구호를 만들어 낸 거야. 수령으로서의 자질은 김일성에게서 아들 김정일에게 그대로 이어졌으니, 다음 수령은 자기가 되어야 한다는 주장이었지. 실제로 김일성이 사망하자 북한의 권력은 김정일이 물려받았단다.

【 민주주의 없는 권력 세습 】

북한이 자신만의 독특한 주체사상을 내세우고, 수령론에 따라 유일 체제를 만들고, 대를 이어 충성하기 위해 김정일에게 권력을 넘겨주었지만, 북한 밖에서 보면 이것은 사회주의라기보다는 옛날 왕조 시대로 돌아간 것처럼 여겨졌어. 따라서 세계가 북한을 바라보는 눈길은 곱지 않았어.

한편 북한 지도부는 1960년대 중반 미국이 베트남 전쟁을 일으키는 것을 보고 두려움을 느꼈어. 미국은 베트남 전쟁 뒤에도 그레나다를 침공하고 걸프 전쟁을 일으키는 등 전쟁을 멈추지 않았어. 그래서 김일성의 뒤를 이은 김정일은 미국이 언제 북한에 전쟁을 걸어올지 모르니, 전쟁에서 살아남기 위해서는 무엇보다 군사력을 키워야 한다고 생각했어. 그래서 김정일은 아버지 김일성의 직위였던 주석 대신 국방위원장이라는 직함으로 북한을 통치했어. 그리고 군대를 앞세운 자신의 통치 정책을 '선군 정치'라고 했지. 북한은 군을 우선하

국방위원장 김정일 김정일은 김일성이 사망하기 1년 전쯤에 이미 군사적 실권을 쥔 국방위원장에 취임함으로써 김일성의 뒤를 이을 실질적인 후계자가 되었다. 1993년 9월 9일, 평양 김일성 광장에서 열린 북한 정권 수립 45주년 기념 행사에 참석한 김정일 국방위원장의 모습이다.

는 선군 정치에 따라 1990년대 후반에는 핵무기를 개발하기 시작했어.

그러나 국가 재정을 국방에 지나치게 쏟아붓다 보니 다른 분야는 발전이 더딜 수밖에 없었어. 1990년대에 접어들자 농업은 물론 모든 산업 분야에서 북한의 발전은 멈추었어. 주민들은 난방을 할 연료가 없어 산의 나무를 땔감으로 쓸 수밖에 없었어. 그러자 온 산이 민둥산이 되어 버렸지. 이런 가운데 큰비가 내리자 홍수가 나서 논과 밭을 휩쓸어 갔어. 식량 생산이 크게 줄자 굶는 사람들이 늘어났고, 많은 사람들이 굶주림과 병으로 죽어 갔어. 김정일은 이때를 '고난의 행군'이라 부르며 참고 이겨 나가자고 주민들을 설득했단다.

2011년 12월, 김정일도 자연 수명을 다하고 세상을 떠났어. 주체사상과 수령론, 그리고 '대를 이어 충성하자.' 정신에 따라 김정일의 아들 김정은이

'고난의 행군' 시기의 북한 열차 1995년과 1996년에 발생한 대홍수가 북한 전역을 휩쓸면서 3년 동안 수십만 명이 영양실조와 각종 질병으로 숨진 것으로 알려졌다. 고난의 행군 시기에 석유 부족으로 열차 운행이 순조롭지 않자, 창틀과 지붕에까지 사람을 빼곡히 태운 채 열차가 달리고 있다.

국방 위원회 제1위원장 김정은
2013년 1월 28일, 평양에서 열린 '4차 노동당 세포 비서 대회'에서 북한의 권력을 이어받은 김정은이 개회사를 하고 있다. 그 위로 김일성과 김정일의 초상화가 보인다.

29세의 나이로 권력을 이어받았어. 사회주의 역사에서 찾아볼 수 없는, 3대에 걸친 권력 세습이 이루어진 거야.

원래 사회주의 사상은 자본주의의 문제점을 극복하는 대안으로서 역사에 등장했어. 그런데 북한 사회주의 체제는 어떤 자본주의 국가보다도 가난한 데다 왕조 시대에나 볼 수 있는 한 가문의 권력 세습을 보여 주고 있어. 사실 북한 주민들은 민주주의 제도를 경험해 본 적이 없어. 조선 왕조가 멸망한 뒤 일본 제국주의의 지배를 받았고, 그 뒤에는 이름은 사회주의이지만 사실상 왕조 시대로 되돌아가 버렸지.

돌이켜 보면, 1945년 해방의 기쁨은 불과 3년 만에 남북 분단이라는 비극으로 바뀌었어. 그 비극은 3대에 걸쳐 권력을 세습하는 기형적인 북한 체제 속에 여전히 계속되고 있어. 우리는 북한을 바라보며 그들을 비난하고 조롱하기보다는, 하루빨리 분단의 비극에서 벗어나 북한이 정상적인 국가 체제를 이루기를 기원해야겠지.

키워드 22 　IMF 외환 위기

벼랑 끝에 선 한국 경제

1960년대 이후 급속한 경제 발전과 민주화를 이룬 한국은 2차 세계 대전 뒤에 독립한 나라들 가운데 가장 모범적인 본보기가 되었어. 그런데 1997년에 들어와 지칠 줄 모르고 성장을 거듭해 온 한국 경제에 빨간불이 들어오기 시작했어. 수많은 기업이 부도를 내고 쓰러지더니 1997년 말이 되자 나라의 금고가 텅텅 비는 위기가 닥쳤어. 잘나가던 한국 경제가 갑자기 천 길 낭떠러지 끝에 서게 된 거야.

【 한보철강의 부도가 불씨가 되어 】

한국의 경제 성장 방식은 '수출 주도형 산업화'였고, 그 과정을 정부가 직접 나서서 주도했어. 그래서 정부의 지원 아래 재벌 기업들이 성장할 수 있었지. 재벌 기업들은 중화학 공업을 일으켜 제품을 수출해서 달러를 벌어들였어. 1996년도 한국의 수출액은 약 1,300억 달러로, 이는 경제 개발을 시작할 때보다 무려 2,400배나 늘어난 액수였어. 그리고 1996년도의 국내 총생산(GDP)은 세계 11위를 기록했어. 정부는 이러한 자신감을 바탕으로 1996년에 경제 협력 개발 기구, 즉 OECD에 회원국으로 가입했어. 국민들 모두 이제 우리나라가 선진국 대열에 들어섰다며 우쭐했지.

그런데 한국 기업들이 세계의 선진국 기업들과 어깨를 나란히 하게 되면서 자연스럽게 서로 비교되고 한국 기업들의 약점이 드러났어. 한국의 기업들은 다른 선진국의 기업들과는 달리 정부의 지원을 받으며 막대한 자금을 값싼 이자율로 빌려 쓸 수 있었어. 기업 활동 과정에서 손해를 보더라도 정부가 뒤를 봐주기도 했지.

한국 기업의 이러한 약점은 1997년에 들어서면서 표면으로 드러나기 시작했어. 가장 먼저 문제를 드러낸 곳은 한보철강이었어. 한국에는 이미 포항 종합 제철이라는 세계적인 규모의 철강 회사가 있었어. 따라서 또 하나의 철강 회사를 만드는 것은 모험이었어. 그러나 이 회사는 정부의 보증을 받아 여러 은행에서 무려 4조 원의 빚을 얻어 공장을 건설했어. 그런데 물건은 생각만큼 팔리지 않았고, 은행은 빌려 간 돈을 갚으라고 재촉했지. 결국 이 회사는 빌린 돈을 갚을 능력이 없어서 부도가 나 쓰러지고 말았어.

한보철강이 망하자 그곳에 물건을 납품하던 많은 중소기업이 함께 망했어. 수많은 노동자가 직장을 잃고 실업자가 되었지. 게다가 한보철강에 돈을 빌려 주었던 은행은 한보철강이 부도가 나자 돈을 돌려받지 못해 많은 손해를 보게 되었어. 그러자 은행은 손해를 만회하기 위해 돈을 빌려 준 다른 중소기업들에 대해 대출 조건을 더욱 까다롭게 조정하기 시작했는데, 이것이 그 기업들을 압박해 경영이 어려워졌지.

한보 그룹 앞에서 시위하는 협력 업체 1997년 2월, 한보철강 직원과 협력 업체 대표들이 한보 그룹의 경영 정상화와 연쇄 부도 방지를 위한 정부의 대책 마련을 요구하며 시위를 하고 있다.

【 국가 파산이 눈앞에 】

한보철강의 부도는 마치 연못 한가운데에 돌을 던지면 물결이 주위로 번져 나가듯이 경제계 전체에 충격을 주었어. 그 충격파를 견디지 못한 기업은 부도를 내고 파산했어. 아무도 무너질 것을 예상하지 못한 재벌 기업인 삼미 그룹, 대농 그룹, 진로 그룹 등이 차례로 망했어. 그리고 마침내 재계 서열 8위인 기아 그룹이 무너졌어. 기아 그룹의 주력 부문은 자동차인데, 기아에서 만든 소형 승용차 '프라이드'는 '국민 차'라고 불릴 정도로 큰 인기를 누리고 있었어. 그만큼 국민들이 받은 충격은 컸지.

국내 기업들이 줄줄이 무너지자 외국에서도 한국 경제를 걱정하기 시작했어. 먼저 한국에 투자했던 외국 기업들이 한국 경제가 위험하다고 판단하고는 자금을 거둬들였어. 그러자 한국의 주식 시장에서 주가는 하루가 다르게 큰 폭으로 떨어졌어.

한국 기업의 신용도가 떨어지고 주가도 크게 떨어지자 외국에서 한국 돈의 가치도 떨어졌어. 1997년 초 한국 돈 원화의 환율은 1달러에 800원대였어. 그런데 12월에 들어서자 그 두 배인 1,600원으로 치솟았고, 연말에는 2,000원까지 올랐어.

환율이 오른다는 것은 한국의 기업들에 치명적인 사태였어. 한국 기업들은 자금의 상당 부분을 외국 은행에서 빌려 온 터였어. 그런데 연초에는 1달러를 갚기 위해 800원이면 되던 것이 연말에는 2,000원이 필요해진 거야. 그 반대의 상황을 즐기는 사람들도 있었어. 이를테면 당시 부유층 중에는 달러를 갖고 있는 사람들이 많았는데, 그들은 달러를 원화로 바꾸기만 하면 가만히 앉아서 재산을 두 배 이상으로 늘릴 수 있었지.

아무튼 이 환율이 한국 기업들에 결정

치솟는 환율을 기록하는 은행 직원

부도 업체의 의류 상품 판매 IMF 외환 위기로 부도가 난 의류 업체의 제품을 남대문시장에서 싼값에 팔고 있다.

적인 피해를 입혔어. 한국 경제가 휘청거리는 것을 지켜본 외국 은행들이 돈을 빌려 준 한국 기업들에게 돈을 갚으라고 재촉하기 시작한 거야. 한국 경제가 성장하는 동안에는 돈을 갚을 기한이 되어도 연장해 주더니, 이제는 당장 갚으라고 요구했지. 1997년 10월에 들어서자 수많은 외국 은행들이 한꺼번에 꿔 준 돈을 갚으라고 했지만 한국 기업들은 갚을 돈이 없었어. 기업에 보증을 선 정부가 대신 갚아 주려고 했지만, 정부의 금고에도 달러가 더는 남아 있지 않았어. 결국 대한민국이라는 나라 전체가 지급 불능 상태에 빠져 파산할 지경에 이르렀어.

【국제 통화 기금이 강요한 신자유주의】

대한민국이 파산한다는 것은 지난 30여 년 동안 쌓아 온 경제 성장의 성과가 한순간에 무너진다는 것을 뜻했어. 다급해진 정부는 국제 통화 기금(IMF)에 긴급 지원을 요청했어. 국제 통화 기금은 한 나라가 자금 부족으로 파산

위험에 빠졌을 때 도와주기 위해 여러 나라들이 기금을 모아 세운 국제 금융 기구야.

그런데 국제 통화 기금은 한국을 도와주기로 하면서 몇 가지 조건을 달았어. 이 기구가 보기에 한국 기업들은 지나치게 정부의 보호를 받고 있었고, 바로 그것이 한국 기업들을 약하게 만들었어. 그래서 앞으로는 기업이 정부의 보호 없이 시장의 원리에 따라 운영되어야 한다고 했지. 이를 위해 무엇보다도 외국 자본이 한국 정부의 간섭을 받지 않고 한국에서 투자 활동을 할 수 있어야 한다고 했어. 즉 한국의 주식 시장에 투자하고, 심지어 한국 기업을 사들일 수도 있어야 했어.

국제 통화 기금이 요구한 또 하나의 중요한 조건은 '노동 시장의 유연화'였어. 이것은 기업이 노동자를 더욱 자유롭게 해고할 수 있어야 한다는 것이었지. 사실 한국에서는 1980년대에 민주화가 이루어지면서 노동 운동도 크게 활발해졌어. 경제 개발 과정에서 억눌렸던 노동자들이 자신들의 권리를 요구하기 시작한 것이지. 그 결과 많은 기업에 노동조합이 생기고, 이들 노동조합은 회사에 맞서 노동자의 권리를 주장했어. 국제 통화 기금은 한국의 노동조합이 너무 강경하기 때문에 기업이 노동자를 함부로 해고하지 못하게 되었고, 이 때문에 기업이 위기에 빠졌다고 진단했어.

IMF 구조 조정 반대 시위 IMF 기간 동안 많은 기업이 노동자를 해고하고 인원을 줄이는 등 구조 조정을 단행했다. IMF 구조 조정 반대 시위에 참여한 사람이 'IMF = 나는 해고당했다?'라고 적힌 피켓을 들고 있다.

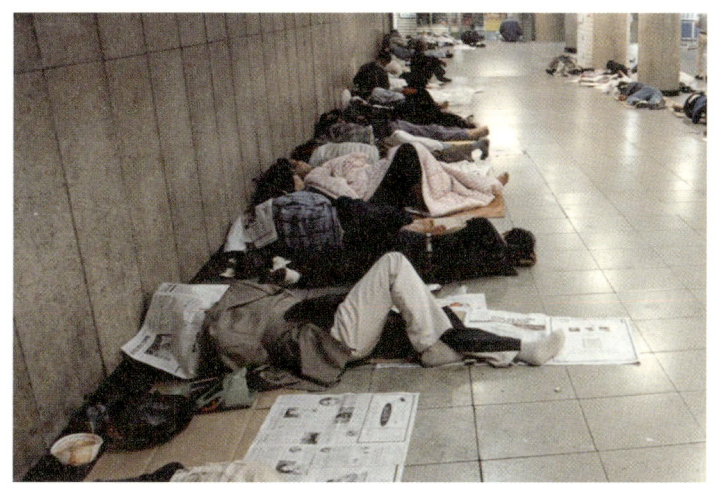

서울역의 노숙인들 기업의 구조 조정이나 부도로 일자리를 잃은 사람들이 거리로 내몰리면서 노숙인이 크게 늘었다. 서울역 지하도에서 노숙인들이 신문 한 장에 의지해 잠을 자고 있다.

한국 정부는 국제 통화 기금이 제시한 조건을 마다할 처지가 아니어서 그대로 받아들였어. 그 대가로 한국은 국제 통화 기금의 자금을 긴급 지원받아 외국 은행에 빚을 갚고 위기에서 벗어났지. 국제 통화 기금이 요구한 조건은 당시 국제 경제 무대를 지배하던 '신자유주의'라는 사상에서 비롯된 것이었어. 신자유주의란, 정부는 경제에 최소한으로 간섭하고 시장 원리에 맡겨야 한다는 사상이야. 한국은 1997년 외환 위기를 겪으면서 신자유주의를 받아들인 거란다.

이 신자유주의 체제가 한국 사회의 모습을 크게 바꾸어 놓았어. 그때부터 한국의 주식 시장은 외국 자본의 흐름에 크게 좌우되었어. 뿐만 아니라 많은 한국 기업이 외국 자본에 팔렸어. 한국 사람들이 자랑스럽게 여기던 포스코 같은 기업도 주식의 절반 이상이 외국 자본에 넘어갔지.

또한 대부분의 한국 기업이 노동자를 고용할 때 정규직이 아닌 비정규직을 택하게 되었어. 비정규직이란 1년 기한으로 계약하고 일하는 노동자를 말해. 비정규직은 계약이 연장되지 않으면 곧바로 일자리를 잃기 때문에, 수백만 명의 비정규직 노동자들은 늘 언제 해고당할지 모르는 불안한 마음을 안고 살아가게 되었단다.

키워드 23   김대중

의지의 정치인 김대중, 정권 교체를 이루다

1948년 수립된 대한민국 정부는 민주 공화국 체제 아래에서 정당 정치를 운영했어. 그런데 그 뒤로 50년 동안 정상적인 선거 절차를 거쳐 여당에서 야당으로 정부가 교체된 경우는 단 한 번도 없었어. 사실상의 일당 독재가 유지되어 온 거야. 그러다가 1997년 대통령 선거에서 비로소 50년 만에 여당에서 야당으로 정권 교체가 이루어졌어. 이 정권 교체의 주역은 김대중이었지. 대한민국 역사에 큰 발자취를 남긴 김대중은 어떤 인물이었을까?

【양 김씨】에게 찾아온 봄

1979년 10월, 박정희의 영구 집권 체제인 유신 체제는 어이없게도 중앙정보부장 김재규의 총탄 한 방으로 끝장나고 말았지. 그 무렵 야당 정치인 김영삼과 김대중은 각각 서울의 상도동과 동교동 자택에 갇혀 지내며 정치 활동을 완전히 봉쇄당하고 있었어.

김대중은 일찍이 1971년 선거에서 박정희와 맞붙어 졌지만 야당 지도자로서 활발하게 활동했어. 그러던 중 박정희가 유신 체제를 선포하자 자신이 탄압받을 것을 알고 미국으로 망명했지. 박정희의 중앙정보부는 김대중이 외국에서 유신 체제를 비판하고 다니는 것을 막

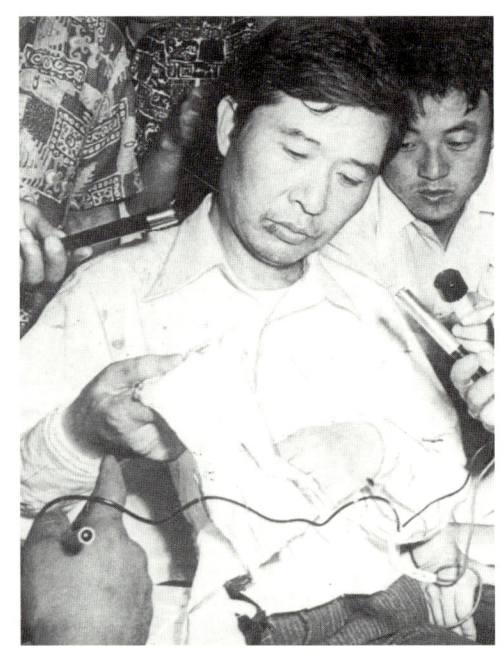

납치 경위를 설명하는 김대중 1973년 8월 일본 도쿄에서 중앙정보부 요원들에게 납치되었다가 서울의 자택으로 압송된 김대중이 기자 회견에서 납치 경위를 밝히고 있다.

기 위해 1973년 일본에서 납치해 국내로 데려왔어. 그 뒤 김대중은 자기 집에 갇혀서 감옥살이 같은 생활을 해야 했단다.

유신 체제가 무너지자 김대중과 김영삼은 비로소 집 밖으로 나와 정치 활동을 할 수 있는 자유를 얻게 되었어. 1980년 '서울의 봄'이 왔을 때 이들 양 김씨는 야당의 대표 정치인으로서 민주화 운동을 이끌었어.

그런데 봄이 오기엔 아직 일렀던 걸까? 권력은 다시 군인 전두환이 장악했지. 전두환은 5·18 민주화 운동을 무자비하게 진압한 뒤, 그것을 호남 출신인 김대중이 일으킨 내란이었다며 그를 군법 재판에 넘겨 사형을 선고했어. 김대중은 죽을 고비를 맞았지만 미국이 그를 도왔어. 김대중을 죽이지 말라는 미국의 압력을 받은 전두환이 미국으로 망명하는 조건으로 그를 석방한 거야. 김대중은 미국에 간 지 2년여 만에 망명 생활을 마치고 귀국했지만, 다시 자기 집에 갇혀 지내야 했어. 당연히 정치 활동도 할 수 없었지.

1987년 6월 민주 항쟁으로 전두환의 제5공화국이 무너지고 다시 또 민주화의 봄이 찾아왔어. 온 국민이 거리에서 최루탄을 맞아 가며 싸운 끝에 드디어 대통령 직선제를 되찾았어.

다가올 대통령 선거에서 여당에서는 전두환의 동료 노태우가 출마할 예정이었어. 야당 후보로는 물론 김영삼과 김대중 둘 중 하나가 될 테고, 그렇게 되면 선거에서 야당이 승리하리라는 걸 의심하는 사람은 거의 없었어.

하지만 모두들 승리를 확신하는 그 순간에 뜻하지 않은 암초가 나타났어. 양 김씨 중에서 누가 야당 후보가 될 것이냐를 두고 어느 쪽도 양보하지 않은 거야. 두 사람이 팽팽하게 맞서자 야당을 지지하던 사람들도 둘로 갈라졌어. 두 세력이 서로 한 치도 양보하지 않고 맞선 가운데 선거일은 점점 다가왔단다.

그때 김대중은 중대한 결심을 했어. 김영삼과의 후보 단일화를 포기하고

서로 외면하고 있는 김대중과 김영삼 1987년 10월, 대통령 선거를 앞두고 고려대학교에서 열린 집회에 참석한 김대중과 김영삼이 서로 외면하고 있다.

평화민주당이라는 새 정당을 창당해 독자적으로 출마하기로 말이야. 김영삼 또한 김대중을 비판하며 출마를 강행했지. 많은 지지자들이 이 사태를 걱정스럽게 바라보았어. 야당의 양 김씨가 표를 나누어 갖게 되면 전두환의 후계자인 노태우가 당선되는 최악의 사태가 발생할 거라고 말이야.

예측은 걱정으로 끝나지 않고 현실이 되었어. 1987년 대통령 선거에서 노태우가 당선된 거야. 양 김씨는 모처럼 찾아온 민주화의 기회를 권력 욕심 때문에 발로 차 버린 역사의 죄인으로 손가락질 받았지.

【 3전 4기 끝에 이룬 정권 교체 】

양 김씨의 분열은 단순히 전두환 후계자 노태우의 당선이라는 하나의 불행으로만 그치지 않았어. 이후 한국의 정당 정치는 지역주의의 포로가 되어 버리고 말았어. 집권당인 민주정의당은 대통령 노태우의 고향인 대구를 중심으로 경상북도 지역에서 압도적인 지지를 받았어. 김대중의 평화민주당은 호남 지방에서 몰표를 받았지. 거제 출신 김영삼이 이끄는 통일민주당은 부산과 경상남도 일대를 차지했고, 박정희의 오른팔 격이었던 김종필이 이끄는 신민주공화당은 김종필의 고향인 충청도가 텃밭이 되었어.

지역으로 갈라진 이러한 구도에서 각 정당이 추구하는 이념과 정책은 유권자들의 관심 밖이었어. 사람들은 우스갯소리로 "평화민주당 간판만 달면 호남에선 말뚝만 박아 놓아도 당선"이라고 비아냥거렸어. 물론 다른 지역도 사정은 마찬가지였지.

이런 가운데 김영삼은 고민이 깊어 갔어. 형세를 보니 다음 대통령 선거에서 또다시 김대중과 경쟁해야 할 것 같았거든. 그러면 결과는 역시 패배가 될 게 뻔했지.

이때 여당인 민주정의당도 어려운 처지에 있었어. 대구와 영남의 표만 믿고 총선에 임했다가 국회 의석에서 다수당이 되는 데 실패했어. 대통령을 배출한 여당인 민주정의당의 의석수보다 야당의 의석수가 더 많은 여소야대 정국이 되자, 민주정의당은 법률 한 건을 통과시키기도 힘들어졌지.

김영삼은 불리한 정세를 단 한 번에 해결할 묘수를 찾았어. 자기가 이끄는 통일민주당과 민주정의당, 신민주공화당이 합당해 하나로 뭉치는 것이었어. 말하자면 경상도와 충청도가 힘을 합쳐서 김대중의 호남을 이기자는 전략이었지.

3당 합당 전략은 김영삼의 예상대로 위력을 발휘했고, 3당 합당으로 탄

3당 합당 1990년 1월 22일, 통일민주당의 김영삼 총재(왼쪽), 민주정의당의 노태우 대통령(가운데), 신민주공화당의 김종필 총재(오른쪽)가 3당 합당을 선언함으로써 민주자유당이라는 거대 여당이 탄생했다.

민주주의와 통일을 향하여 199

생한 민주자유당의 후보 김영삼은 1992년 대통령에 당선되었어. 김영삼은 대통령 자리에 오름으로써 비록 개인적인 꿈은 이루었지만, 역사적인 의미는 크지 않았어. 개인적으로는 야당 정치인으로서 평생 독재에 반대하는 투쟁을 해 왔지만, 어디까지나 집권 여당의 후보로 출마해 대통령에 당선되었어. 그러니까 여당과 야당 사이에 정권 교체가 이루어진 것은 아니었던 거야. 다만 박정희 이후 비로소 군인 출신이 아닌 민간인 출신 정치인이 대통령에 당선되었다는 점에서 김영삼 정부는 '문민정부'라 불렸고, 그런 면에서는 의의가 있었지.

김대중은 이번에도 낙선의 쓴잔을 마셨어. 죽을 고비를 몇 번이나 넘기며 민주화를 위해 노력해 온 그였지만 상심이 컸어. 그러나 김대중은 자신에게 마지막으로 남은 역할이 있다고 생각했어. 바로 여당에서 야당으로 정권이 교체되는 첫 역사를 여는 일이었지.

김대중은 3당 합당에 따른 고립을 정권 교체를 위해 역이용하기로 했어. 3당 합당에 참여했다가 불화 끝에 탈당한 김종필은 충청 지방을 근거로 하는 자유 민주 연합을 결성했어. 김대중은 김종필에게 접근해서 둘 사이의 연합을 제안해 성사시켰어. 이것을 '디제이(김대중)'와 '제이피(김종필)'의 연합이라고 해서 '디제이피 연합'이라고 불렀지.

1997년 대통령 선거에서 디제이피 연합의 후보 김대중은 호남과 충청 지방의 압도적인 지지와 함께 야당의 집권을 응원하는 대도시 젊은

김대중 대통령 당선에 기뻐하는 시민들
김대중이 15대 대통령에 당선되어 50년 만에 정권 교체를 이루게 되자, 수많은 광주 시민들이 전남도청 앞 5·18 민주 광장에 모여 환호하고 있다.

층 유권자들의 표에 힘입어 드디어 승리를 거머쥐었어. 김대중으로서는 세 번 도전해 실패한 끝에 네 번째에 비로소 꿈을 이룬 거야.

　김대중의 승리는 개인만의 승리가 아니었어. 1980년 5·18 민주화 운동과 1987년 6월 민주 항쟁으로 이어져 온 민주화 운동이 비로소 결실을 맺은 역사적인 순간이었지. 크게 보면, 1948년 대한민국 정부가 출범한 뒤 50년 만에 처음으로 선거를 통해 평화적으로 정권 교체가 이루어진 거야. 많은 사람들이 김대중 정부의 탄생을 감회 어린 눈으로 바라보았어. 그리고 이제 비로소 제대로 된 민주 공화국을 운영할 수 있게 되었다며 가슴 뿌듯해했단다.

키워드 24   6·15 남북 정상 회담

분단에서 통일로 가는 멀고 험한 길

2000년 6월 15일, 남한의 김대중 대통령과 북한의 김정일 국방위원장이 평양에서 만나 회담을 열고 공동 선언을 발표했어. 남북 분단 이후 처음으로 남북의 정상이 만난 거야. 남과 북 모두 이제야 비로소 통일의 물꼬가 트였다며 기대에 부풀었지. 이날이 온 것은 그동안 남과 북이 꾸준히 애써 온 결과였단다.

【몰락한 사회주의 진영】

6·25 전쟁 이후 남북 관계는 '적대적 공존'이라는 상태를 유지해 왔어. 둘 사이가 '적대적'이라는 것은 서로 공존하기를 거부하고, 서로 상대방을 멸망시키겠다는 의지에 불타는 관계라고 할 수 있어. 그것과 '공존'이라는 단어는 어울리지 않지. 하지만 남과 북은 그처럼 묘하게 역설적인 관계를 맺고 있었단다.

적대적 공존 관계 속에서도 남과 북은 주변 정세가 변화함에 따라 대화의 자리에 앉지 않을 수 없었어. 그렇게 시작한 대화로 맺은 첫 결과가 1972년의 7·4 남북 공동 성명이었지. 서로를 적으로만 여겨 온 남과 북의 주민들은 이 성명을 접하고 우선은 깜짝 놀랐고, 뒤이어 이제 드디어 통일의 물꼬가 트이나 보다 하며 감격에 겨워했어.

그러나 7·4 남북 공동 성명의 감격은 얼마 지나지 않아 실망으로 바뀌고 말았어. 처음에는 남과 북 사이에 이산가족 찾기를 위한 적십자 회담이 활발하게 열리는 등 후속 조치가 이어졌어. 그런데 시간이 지날수록 남과 북은 다시금 서로를 비난하고 적대감을 드러내는 일이 잦아졌어. 주변 정세의 변화라는 압박 속에서 대화를 시작하긴 했지만 마음속 깊이 쌓인 적대감은 여전히 남아 있었던 거야.

그리하여 남과 북의 관계는 다시 '적대적 공존' 상태로 되돌아가고 비정치적인 남북 적십자 회담만 간간이 열렸어. 그나마 1985년에 남

남북 고향 방문단 이산가족 상봉 1985년 9월, 서울에서 만난 어머니와 아들이 서로 부둥켜안고 오열하고 있다.

과 북의 이산가족이 상대방 지역을 방문하여 만나는 일이 이루어져 분단의 아픔을 조금은 달래기도 했지.

남과 북이 갈등하고 있는 사이에 국제 정세는 또다시 급격한 변화를 맞이했어. 이번에는 냉전 체제 자체가 허물어지기 시작했어. 1989년, 냉전의 상징이던 서독과 동독이 둘 사이를 가르고 있던 베를린 장벽을 하루아침에 허물고 통일을 이룬 거야. 실제로는 동독이 망하고 서독으로 흡수된 것이었지. 그 파도는 사회주의 진영을 지탱하던 소련이라는 나라를 해체시키는 사태로 이어졌어. 뒤이어 사회주의 국가들 대부분이 사회주의 체제를 버리고 자본주의 체제로 바뀌었어. 이로써 2차 세계 대전 이후 만들어진 냉전 체제가 40여 년 만에 무너졌단다.

【 역사적인 남북 정상 회담 】

냉전 시대가 끝남에 따라 남과 북도 그러한 정세에 대응하지 않을 수 없었어. 다시 대화의 자리에 앉았지. 지난 7·4 남북 공동 성명은 남과 북의 통치자를 대리하는 사람들이 진행했지만, 이번에는 회담 성과를 좀 더 확실하

게 하기 위해 남과 북의 지도자가 직접 만나는 방식을 추진했어. 남한 대통령 전두환이 제안하여 시작된 남북 정상 회담 논의는 남한 정부가 바뀌면서도 계속 이어졌어.

그 결과 1994년 7월 말에 남의 김영삼 대통령과 북의 김일성 주석이 만나 정상 회담을 열기로 했어. 남과 북의 최고 통치자가 분단 이후 최초로 만나는 뜻깊은 사건이 될 터였지. 그런데 회담이 얼마 남지 않은 7월 8일, 김일성이 갑자기 사망하고 말았어. 회담이 이루어지기도 전에 회담 당사자가 죽으면서 남과 북은 다시 으르렁거리는 사이로 돌아섰지.

그래도 남과 북의 정상이 만나야 한다는 공감대는 꾸준히 이어졌어. 그 과제는 최초로 여야 정권 교체를 이룬 김대중 대통령의 몫으로 돌아갔어. 드디어 2000년 6월 15일, 김대중 대통령이 평양을 방문해 김정일 국방위원장을 만나는 역사적인 정상 회담이 이루어졌지.

한국뿐만 아니라 전 세계 사람들의 주목을 받은 이 회담에서 두 정상은 '6·15 남북 공동 선언'을 발표했어. 이는 지난 7·4 남북 공동 성명 때 발표한 '조국 통일 3대 원칙'에서 한 걸음 더 나아간 내용을 담고 있었어. 바로 통일을 위해 제시한 남의 '남북 연합제' 방안과 북의 '낮은 단계의 연방제' 방안에 공통점이 있다는 것을 인정하고, 앞으로 이런 방향에서 통일을 향해 협의해 나가기로 한 것이었어.

두 손을 맞잡은 남북 정상
6·15 남북 공동 선언의 서명을 앞두고 김대중 대통령과 김정일 국방위원장이 맞잡은 두 손을 들어 올리고 있다.

그동안 남과 북은 각자 통일을 위한 여러 방안을 간간이 발표해 왔어. 하지만 상대방의 호응이 없는 일방적인 주장에 그쳤지. 특히 북한은 연방제를 꾸준히 주장해 왔어. 남과 북이 각자의 체제를 그대로 유지한 채 공동의 정부를 구성하자는 주장이야. 이에 대해 남쪽에서는 자본주의와 사회주의 체제가 연방으로 묶인 사례가 없다며 실현 불가능한 주장이라고 몰아붙였지. 오히려 연방제 아래에서 남쪽의 자본주의 체제를 무너뜨리고 한반도를 공산화하려는 술책이라며 비난해 왔어.

이러한 가운데 6·15 남북 공동 선언이 발표된 것은 획기적인 일이었지. 이는 북쪽에서 주장하는 연방제가 속임수가 아니라 진심을 담고 있다는 것을 남쪽이 인정한다는 뜻이었어. 많은 이들이 비로소 남과 북이 통일될 그 날이 한 발짝 더 가까워졌다며 기뻐했지.

【 아직도 멀기만 한 통일의 길 】

6·15 남북 공동 선언 이후로 남북 관계는 활발해졌어. 이산가족 만남이 해마다 이루어지는가 하면 남쪽 사람들이 휴전선을 넘어 금강산을 관광하는 길이 열렸어. 남쪽의 이산가족이 아닌 일반 사람이 관광을 위해 북한을 방문한다는 건 이전에는 꿈도 꾸지 못한 일이었지. 더 나아가 개성에 공단을 만들어 남의 기업이 북의 노동자들을 고용해서 산업 활동을 하기 시작했어.

2007년 10월 4일, 노무현 대통령은 김대중 대통령에 이어 또다시 평양을 방문해 김정일 국방위원장과 남북 정상 회담을 열고 '남북 관계 발전과 평화 번영을 위한 선언(10·4 남북 공동 선언)'을 발표했어. 이렇게 남과 북이 경제 관계를 깊이 맺으면 전쟁 같은 무력 충돌은 자연스럽게 사라질 터였지.

그러나 불행하게도 그 성과는 계속 이어지지 못했어. 남쪽 정부가 바뀌면서 남북 관계가 영향을 받았기 때문이야. 김대중과 노무현 두 대통령이

개성 공단 6·15 남북 공동 선언에 따라 남북 경제 협력 사업의 하나로 북한 개성에 건설한 공업 단지이다. 2011년 말 현재 123개 기업이 입주해 북한 노동자 약 5만 명을 고용했다. 그러나 북한은 남북 관계가 악화될 때마다 휴전선 통과를 막아 가동이 중단되곤 했다.

10년 동안 집권한 뒤인 2008년부터 이전의 여당 세력이었던 한나라당 소속 이명박 대통령이 집권했어. 이명박 대통령은 김대중, 노무현 대통령이 집권했던 기간을 '잃어버린 10년'이라고 깎아내리면서, 두 대통령이 시행한 많은 정책을 취소하고 그 이전으로 되돌렸어.

그 가운데 대표적인 것이 북한에 대한 정책이야. 김대중 대통령은 6·15 남북 공동 선언을 추진하면서 북한에 대해 '햇볕 정책'을 내세웠어. 햇볕 정책이라는 말은 나그네의 두꺼운 외투를 벗기는 것은 매서운 바람이 아니라 따스한 햇볕이라는 이솝 우화에서 따온 것으로, 북한에 대해서도 대결 의식을 버리고

10·4 남북 공동 선언문에 서명하는 노무현 대통령과 김정일 국방위원장

정주영 회장의 소 떼 방북 1998년 북한이 고향인 정주영 현대 그룹 명예 회장이 두 차례에 걸쳐 소 1,001마리를 몰고 북한을 방문했다. 이를 계기로 현대 그룹이 금강산 관광 사업을 시작함으로써 분단 후 최초로 남북이 공식적으로 오가는 길이 열리게 되었다.

온정으로 대하자는 것이었지.

그런데 이명박 대통령은 집권하자마자 햇볕 정책을 내던지고 북한을 엄격한 자세로 대하기 시작했어. 때마침 한 남한 관광객이 북한 군인에게 피살된 사건을 계기로 금강산 관광 길을 막았고, 북에 대한 인도적인 지원도 끊었지. 북이 선의로 나올 때는 선의로 대하겠지만, 먼저 온정을 베풀지는 않겠다고 선언했어. 이 탓에 남북 관계는 6·15 남북 공동 선언 이전으로 되돌아가고 말았어.

돌이켜보면 1945년 해방이 된 그날부터 오늘날까지 남과 북은 늘 상대방을 적으로 삼아 없애 버리려고 했어. 그리고 상대방의 주장 뒤에는 무언가 속임수가 도사리고 있는 것으로 늘 의심했지. 그동안 국제 정세가 크게 바뀌어 옛날과는 전혀 다른 세상이 되었는데도 남과 북만은 예전 그대로 적대감으로 맞서 왔어.

그런 가운데서도 아주 느리지만 남과 북 사이에 진실한 대화를 하려는 시도가 있었지. 그 결실이 1972년 7·4 남북 공동 성명과 2000년 6·15 남북 공동 선언이라고 할 수 있어. 2, 30년 만에 한 걸음씩 전진한 셈이지. 다음 한 걸음은 언제쯤 내딛을 수 있을까? 언제쯤 남과 북이 서로를 진실하게 대하고 통일의 길에 함께하게 될지, 지금 우리 민족은 절망과 희망의 갈림길에 지친 모습으로 서 있단다.

우리 현대사를 어떻게 바라볼 것인가

역사란 과거에 일어난 일에 대한 기록이야. 따라서 오래된 먼 과거일수록 사실을 밝히기가 쉽지 않아. 그런데 반대로 현재에 가까울수록 쉽지 않기도 해. 너무나 가까워서 전체 모습이 잘 보이지 않기 때문이지. 그래서 다른 어느 시대보다도 현대사를 제대로 바라보기가 어렵단다. 그렇지만 해방 이후 지금까지 우리나라의 현대사를 차근차근 정리해 보면 앞으로 우리가 풀어 가야 할 숙제가 무엇인지 보일 거야.

【 분단의 시대 】

1945년 해방에서 현재에 이르는 시기는 우리 역사상 다른 어떤 시대보다 변화의 소용돌이가 거셌던 시대야. 무엇보다도 우리 민족이 남과 북으로 분단되었어.

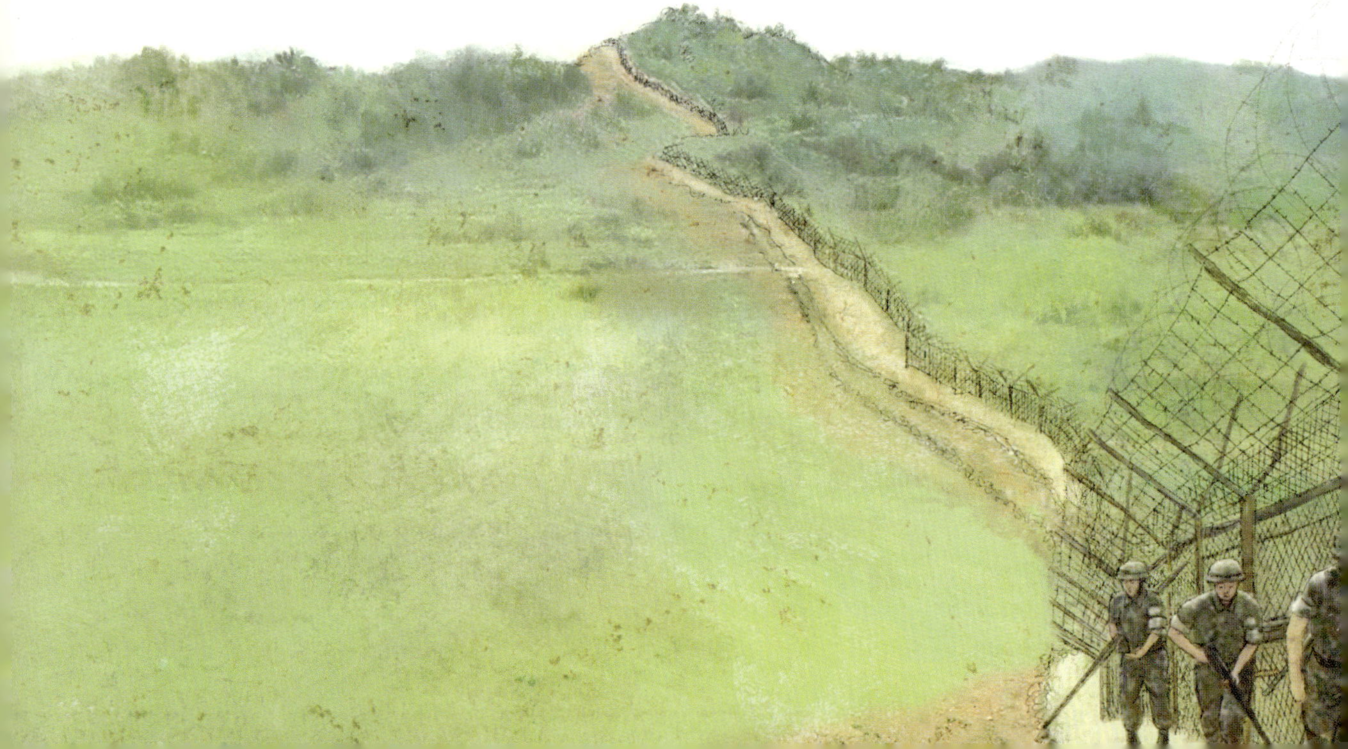

우리 민족의 역사를 살펴보면, 고구려·백제·신라 삼국을 신라가 통일한 것이 7세기 후반이었지. 그 후 지금까지 우리 민족은 한 번도 스스로 분열된 적이 없었어. 그런 점에서 1945년 해방 이후의 분단은 우리 민족이 저지른 민족사 최대의 잘못이라고 할 수 있단다.

남과 북은 이 잘못이 서로 상대방 탓이라고 핏대를 올리며 주장해 왔고, 지금도 그렇게 주장하고 있어. 북에서는 남에서 먼저 일방적으로 선거를 하고 대한민국 정부를 수립하는 바람에 분단이 시작되었다고 주장하지. 남에서는 대한민국 정부를 수립하지 않았다면 사회주의 단일 정부가 수립되었을 텐데, 이는 분단보다 더 나쁜 일이었을 거라고 주장해.

두 주장 가운데 어느 쪽이 옳은지 판단하기 전에 곰곰이 생각해 보자꾸나. 북한 정부는 주민들이 북의 공식적인 주장에 찬성하도록 교육하고 강요하고 있어. 또한 남에 살고 있는 우리는 대한민국이 한반도의 정통성을 잇고 있다는 주장을 거부하기가 어려워. 객관적인 정답을 찾기는 몹시 어렵다는 뜻이야.

서로 다투는 두 진영 사이에서 객관적인 판단이 쉽지 않을 때는 흔히 물리적인 힘으로 해결하고 싶은 욕망이 일곤 하지. 1950년에 북한이 그랬어. 전쟁을 해서라도 분단을 통일로 바꾸려고 한 거야. 만약 그 일이 성공했다면 북의 주장이 정답이 되었을 테지만, 그렇게 되지 않았어.

한편 1990년대에 들어서면서 남쪽에서는 북한이 스스로 무너질 거라고 생각하는 이들이 많아졌어. 북한이 붕괴되어 사라진다면 분단의 책임은 자연스럽게 북에 덮어씌울 수 있겠지. 그런데 불행인지 다행인지 북한은 붕괴되지 않고 끈질긴 생명력을 보여 주고 있어. 따라서 분단을 대하는 한반도 주민들의 생각은 여전히 제자리에서 맴돌고 있지.

분단된 지 아직 100년이 되지는 않았어. 그런데 앞으로 100년, 200년이 지나도 분단 상태가 계속 이어진다면 어떻게 될까?

우리는 지금 분단된 지 100년이 안 되었는데도 북한을 마치 다른 나라처럼 대하고 있어. 이 책만 봐도 현대사라고 하지만 내용은 대부분 대한민국의 역사로 채워져 있어. 북한을 다루더라도 남과의 관계에 한정해서만 다루고 있지. 사실 북한과 관련한 정보가 제한되어 있어서 북한을 제대로 다룰 수 없기는 해. 하지만 그 이유보다는 분단 상태가 길어지면서 북한 사람들이 어떻게 사는지, 북한에서 어떤 변화가 일어나는지 우리가 점점 무관심해지는 이유가 더 크다고 할 수 있어.

따라서 분단의 기간이 더 오래 지속된다면 아예 분단이라는 말 자체가 없어지고 전혀 다른 두 개의 나라가 될 거야. 그때가 되면 분단의 책임이 누구에게 있었는지 따지는 일마저 아무 의미가 없어지겠지. 지금 우리는 그런 역사의 갈림길에 들어서고 있단다.

【 박정희 시대를 어떻게 볼 것인가 】

대한민국의 현대사를 바라볼 때 우리가 피해 갈 수 없는 한 사람이 있어. 바로 박정희야. 박정희가 이룬 최대의 업적은 산업화를 토대로 한 경제 성장이었어. 8·15 해방 이후 우리나라는 오늘날 우리가 보는 아프리카나 동남아시아의 가난한 나라들처럼 가난했어. 그런데도 정치인들은 서로 갈라져 싸우고, 부정과 부패로 나라 살림을 좀먹었지. 박정희는 그런 정치판을 확 갈아엎고 강력한 지도력으로 경제 개발을 이끌었어. 그래서 지금도 박정희를 존경하는 사람이 많은 편이야. 박정희가 없었다면 지금과 같은 풍요로운 대한민국은 있을 수 없다고 생각하는 거지.

그런데 박정희를 칭송하는 이들이 안고 있는 문제점이 있어. 박정희를 비판적으로 평가하려는 이들을 논리가 아닌 욕설과 비난, 심지어 폭력으로 응징하려 한다는 거야. 역사의 인물이 된 박정희를 놓고 이성적인 토론이 이루어질 수 없다는 것은 한국 현대사의 또 하나의 비극이 아닐 수 없어.

2010년 시점에서 한국의 경제 규모는 세계 다른 나라에 견주어 어느 정도나 될까? 국내에서 생산한 가치를 모두 합한 국내 총생산(GDP), 수출과 수입 액수를 합한 무역 규모 등에서 한국은 세계 10위에서 15위 사이를 차지하고 있어. 전 세계 200여 개 나라 가운데 상위권에 드는 선진국이라고 할 수 있지. 이러한 경제 규모의 토대를 만들어 준 사람이 박정희이기 때문에 그를 존경하는 사람이 많은 것은 당연하다고도 할 수 있겠지.

　그런데 이러한 통계 수치를 토대로 박정희를 바라보는 것 자체가 바로 박정희가 만들어 놓은 틀이라는 사실을 알아야 해. 세계 모든 나라 사람들이 이런 틀로 바라보지는 않아. 이를테면 2012년 영국의 신경제 재단이라는 기구에서 세계 151개 나라 국민의 행복 지수를 조사했는데, 한국은 겨우 63위에 머물렀어. 이것은 한국 사람들이 경제 규모만큼 행복하지는 않다는 사실을 보여 주는 것이지. 한편 출산율을 보면 세계 227개 나라 중 222위로 최하위권이야. 사람들이 아기를 싫어해서 아기를 안 낳는 것은 물론 아니지. 아기를 낳아서 키울 여유가 없다는 뜻이고, 결국 한국은 사람이

살 만한 곳이 못 된다는 뜻이 돼.

 100년 뒤의 우리나라 모습을 상상해 보자. 만약 그때 우리나라가 경제 규모는 그렇게 크지 않아도 국민들이 소박하게 살면서 여가를 즐기는 생활을 한다면, 그래서 행복 지수는 지금보다 훨씬 높다면 어떨까? 그렇다면 아마 박정희의 업적을 기리며 칭송하는 사람이 많지는 않을 거야. 물론 100년 뒤의 우리나라가 어떠할지 지금 우리는 알 수 없지. 그렇지만 여러 가지 가능성에 대해 마음을 열고 좀 더 넓은 시각으로 박정희 시대를 바라볼 필요가 있단다.

【 민주화의 한계 】

한국 현대사가 이룬 또 하나의 커다란 업적은 민주화라고 할 수 있어. 우리나라뿐 아니라 2차 세계 대전 이후에 독립한 많은 나라들이 민주주의 제도를 시행하지 못하고 군사 독재와 통치자의 장기 집권을 겪었어. 그렇지만 우리나라는 4·19 혁명, 5·18 민주화 운동, 6월 민주 항쟁이라는 거대한 민주화 운동의 흐름 속에 드디어 민주주의를 이루어 내는 데 성공했어. 그 과정에는 많은 민주화 운동가들의 헌신과 희생이 있었지.

 1987년 6월 민주 항쟁 이후 한국은 독재와 정치 탄압에서 벗어났어. 국민 모두 언론, 출판, 집회, 결사의 자유를 웬만큼 누리고 있지. 이로써 한국은 인권 탄압이 벌어지는 정치적 후진국이라는 손가락질에서 벗어나 민주 국가가 되었어.

 이러한 민주화 운동에 대한 국민의 지지와 성원을 바탕으로 1998년에 김대중 대통령의 '국민의 정부'가 수립될 수 있었어. 그를 이어 노무현 대통령의 '참여 정부'가 집권했지.

 그런데 참여 정부 말기에 이르러 민주화 세력에 대한 국민의 평가는 아주 낮아졌어. 정치적 민주화는 이루어 냈지만, 국민들의 경제 형편을 향상시키는 데는 무능하다고 평가한 거야. 실제로 두 민주화 정부가 집권한 기간 동안 비정규직 노동자의 비중이 엄청나게 늘었어. 비정규직 노동자는 정규직 노동자보다 훨씬 적은 임금을 받으며 늘 해고당할 위험에 드러나 있기 때문에 삶의 질은 형편없이 떨어졌지. 게다가 빈부 격차는 더욱 벌어졌고, 국민 대부분의 주거 공간이 된 아파트 가격은 하늘 높은 줄 모르고 치솟았단다.

이렇게 되니 국민들은 민주화 세력이 무능하다며 등을 돌리기 시작했어. 그래서 2007년 대통령 선거에서 이전의 보수 집권 세력을 기반으로 하는 이명박 후보에게 압도적인 표를 몰아 주었어. 이명박 후보는 경제를 살리겠다는 구호를 내걸고 대통령에 당선되었지. 그러나 이명박도 약속과는 달리 국민들의 경제 형편을 전혀 향상시켜 주지 못했어. 이로써 민주화 세력도 옛 집권 세력도 모두 세계화 시대의 경제를 운영하는 데는 무능하다는 결론이

촛불 시위 2008년 6월 24일, 서울 청계광장에서 미국산 쇠고기 수입에 반대하는 촛불 시위가 열렸다. 이명박 정부는 경제를 살리겠다는 공약을 내걸고 집권했지만, 서민들의 삶의 질을 높이는 데는 아무런 노력도 성과도 보여 주지 못했다.

나온 셈이야.

여기에서 우리는 한국 사회의 뒤틀린 모습을 보게 돼. 한국의 정치 상황은 민주화 세력과 옛 집권 세력이 대립하는 형세를 이루고 있어. 그들은 사사건건 대립하며 정치 싸움을 일삼고 있지. 그런데 정작 국민들이 원하는 '경제 살리기'에는 그들 모두 실패했어.

경제를 살리려면 과연 어떻게 해야 할까? 그 방법에는 여러 가지가 있을 거야. 경제 정책으로 보면 대체로 자본주의 원리에 충실한 보수적인 길, 사회주의적인 요소를 도입하는 진보적인 길, 그 둘을 절충한 중도적인 길이 있겠지. 아마도 이러한 보수, 진보, 중도의 진지한 정책 대결과 토론을 거쳐 바람직한 경제 정책의 방향을 결정해야 할 거야. 그런데 한국의 정치 구도는 이와는 상관없이 여전히 '민주 대 반민주'라는 낡은 틀 아래에서 힘을 낭비하고 있어. 정치와 경제가 서로 맞물리지 못하는 상태라고 할 수 있지.

21세기 초 한국 현대사는 분단과 박정희가 물려준 유산, 그리고 민주화 이후의 과제, 이렇게 크게 세 가지 숙제를 안고서 미래를 향해 나아가고 있단다.

연표

현대

1945년 8월 15일, 일본이 연합군에 항복함으로써 한국이 일본의 지배에서 해방되었다.
이날 여운형이 해방에 대비해 만든 조선 건국 동맹을 조선 건국 준비 위원회로 바꾸어 발족하였다.

연합군이 북위 38도 이북은 소련군이, 이남은 미군이 점령하기로 결정함에 따라 소련군과 미군이 각각 평양과 서울을 점령하였다.

모스크바 3상 회의에서 한국에 임시 정부를 수립할 것을 결정했지만, 국내 언론이 잘못 보도하는 바람에 신탁 통치 반대 운동이 크게 일어났다.

1946년 모스크바 3상 회의의 결정을 이행하기 위해 서울에서 미·소 공동 위원회가 열렸다.

1948년 제주 4·3 사건이 일어났다.

5월 10일, 유엔의 감시 속에서 남한에서 최초로 총선거가 실시되었다(5·10 총선거).

7월 17일, 우리나라 최초의 민주적인 헌법이 공포되었다.

8월 15일, 이승만 대통령을 수반으로 하는 대한민국 정부가 출범하였다.

9월 9일, 북한이 조선 민주주의 인민 공화국을 선포하였다.

10월 12일, 반민족 행위 특별 조사 위원회를 구성해 친일 행위자들을 검거하기 시작하였다.

1950년 6월 25일, 북한군이 38선을 넘어 공격해 옴으로써 한국 전쟁이 시작되었다.

9월 28일, 국군과 유엔군의 인천 상륙 작전 성공으로 전세가 역전되어 북한군에게 점령당했던 수도 서울을 되찾았다(9·28 서울 수복).

1951년 1월 4일, 북한의 지원군으로 참전한 중국군에 밀려 후퇴를 거듭하던 국군과 유엔군이 서울을 내주고 남쪽으로 후퇴하였다(1·4 후퇴).

1952년 이승만 대통령이 직선제로 대통령을 선출하는 개헌안을 국회에서 통과시켰다.

1953년 7월 27일, 판문점에서 유엔군 대표와 북한군·중국군 대표가 정전 협정에 서명하여 정전이 성립되었다. 남한은 정전에 반대하여 서명하지 않았다.

1954년 이승만 대통령이 초대 대통령에 한해 중임 제한을 폐지하는 개헌안을 통과시켰다(사사오입 개헌).

1960년 4대 대통령 선거에서 이승만이 온갖 부정한 방법을 동원해 당선되자(3·15 부정 선거), 마산에서 이를 규탄하는 시위가 일어났다. 전국으로 시위가 확산되면서 4·19 혁명이 일어났다.

1960년 국회가 내각 책임제를 채택하면서 제2공화국이 시작되었다. 제2공화국의 총리에 장면, 대통령에 윤보선이 선출되었다.

1961년 5월 16일, 박정희 소장이 쿠데타를 일으켜 제2공화국 정부를 무너뜨리고 정권을 장악하였다(5·16 군사 쿠데타).

1962년 경제 개발 5개년 계획이 시작되었다.

1964년 굴욕적인 한·일 회담에 반대하는 시위가 거세게 일어나자, 서울 일대에 계엄령이 내려졌다.

9월, 박정희 정부가 처음으로 베트남에 국군을 파병하였다.

1965년 국민들의 격렬한 반대에도 한·일 협정이 체결되어 두 나라 사이에 국교가 재개되었다.

1970년 박정희 대통령이 농촌을 근대화하기 위해 새마을 운동을 제창하였다.

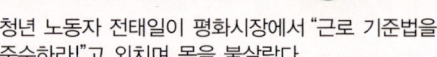

서울에서 부산을 잇는 경부 고속도로가 완공되었다.

청년 노동자 전태일이 평화시장에서 "근로 기준법을 준수하라!"고 외치며 몸을 불살랐다.

1972년 7월 4일, 남한과 북한이 '평화 통일에 관한 남북 공동 성명'을 발표하였다(7·4 남북 공동 성명).

박정희 대통령이 영구 집권을 위해 유신 헌법을 만들고 유신 체제를 확립하였다(10월 유신).

1973년 포항 종합 제철이 완공되었다.

1974년 8월 15일, 지하철 1호선이 개통되었다. 이날 광복절 기념식 행사 도중 문세광이 박정희 대통령 암살을 시도했으나 실패하고, 영부인 육영수가 빗나간 총탄을 맞고 사망하였다.

1975년 현대자동차가 처음으로 우리 기술로 국산 자동차 '포니'를 생산하였다.

1976년 판문점에서 나무 가지치기를 하던 미군을 북한군이 도끼로 공격하여 2명이 사망하는 사고가 발생하였다.

1977년 수출액 100억 달러 목표를 달성하였다.

1979년 부산과 마산 일대에서 유신 독재에 반대하는 시민 항쟁이 크게 일어났다(부마 민주 항쟁).

10월 26일, 박정희 대통령이 김재규 중앙정보부장에게 총탄을 맞고 사망하였다(10·26 사건).

1980년 5·18 민주화 운동이 일어났다.

우리나라에서 처음 컬러 텔레비전 방송이 시작되었다.

1982년 야간 통행금지가 해제되고, 프로 야구가 출범하였다.

문부식 등 대학생들이 부산 미국 문화원에 불을 지르고 미국에 반대하는 시위를 벌였다.

1985년 대학생 70여 명이 서울 미국 문화원을 점거하고 광주 학살에 대한 미국의 사죄를 요구하며 농성을 벌였다.

남북한의 이산가족이 각각 서울과 평양을 처음으로 방문해 이산가족 상봉이 이루어졌다.

1987년 서울대 학생 박종철이 고문을 받다가 사망하자, 이를 계기로 민주 헌법을 요구하며 정부에 반대하는 시위가 6월 내내 전국 주요 도시에서 대대적으로 벌어졌다(6월 민주 항쟁).

6월 민주 항쟁에 굴복한 전두환 정부가 여당 대통령 후보인 노태우를 앞세워 대통령을 직접 선거로 뽑겠다고 선언하였다(6·29 선언).

1988년 세계 159개 나라가 참가한 가운데 24회 서울 올림픽 대회가 성대하게 열렸다.

1990년 1월 12일, 민주정의당·통일민주당·신민주공화당이 합당해 거대 여당인 민주자유당이 탄생하였다.

1991년 남북한이 유엔에 동시 가입하였다.

1993년 박정희, 전두환, 노태우 등 군인 출신이 정권을 잡은 군부 독재 시대를 끝내고 김영삼이 이끄는 최초의 문민정부가 출범하였다.

1994년 남북 정상 회담을 추진하던 중 북한의 김일성 주석이 사망하였다.

1997년 외환 위기를 맞아 국제 통화 기금(IMF)에 구제 금융을 신청하였다.

야당 대통령 후보 김대중이 15대 대통령에 당선됨으로써 50년 만에 정권 교체를 이루었다.

2000년 6월 15일, 남한의 김대중 대통령과 북한의 김정일 국방위원장이 평양에서 정상 회담을 열고 공동 성명을 발표하였다(6·15 남북 공동 선언).

2002년 한국과 일본이 공동으로 한·일 월드컵 축구 대회를 개최하였다.

서해 북방 한계선을 넘어온 북한 경비정과 한국 해군 사이에 교전이 벌어져 한국 해군 6명이 전사하였다.

여중생 미선이와 효순이가 미군 장갑차에 치여 죽었는데도 가해자인 미군이 제대로 처벌받지 않자, 주한 미군 지위에 관한 행정 협정(SOFA) 개정을 요구하는 촛불 시위가 벌어졌다.

2003년 북한이 핵 확산 금지 조약에서 탈퇴할 것을 선언하고 독자적인 핵 개발에 착수하였다.

2006년 한국인 반기문이 8대 유엔 사무총장에 취임하였다.

2007년 노무현 대통령이 북한을 방문해 김정일 국방위원장과 남북 정상 회담을 갖고 '남북 관계 발전과 평화 번영을 위한 선언'을 발표하였다(10·4 남북 공동 선언).

2008년 미국산 쇠고기 수입에 반대하는 대규모 촛불 시위가 벌어졌다.

찾아보기

ㄱ

개발 독재 77
개성 공단 206
경무대 93
경부 고속도로 118
경제 개발 5개년 계획 114~116, 119
계엄군 94, 137, 160, 162~164
계엄령 79, 80, 94, 110, 111, 151, 159, 161
광복군 15~17
국가 보안법 84, 145
국가 재건 최고 회의 103, 104
국기 하강식 143
국민 운동 본부 173
국민의 정부 213
국제 연맹 18, 19
국제 통화 기금(IMF) 193~195
군사 혁명 위원회 101~103
근로 기준법 122, 126, 128~130
긴급 조치 149, 150

김계원 152
김구 15~18, 21, 34, 37, 40, 47, 51, 58, 59
김규식 58, 59
김대중 133~136, 156, 173, 176, 196~202, 204~206, 213
김민기 147
김승훈 157, 172
김연수 50
김영삼 134, 150, 156, 173, 176, 180, 196~200, 204
김익렬 54
김일성 15, 20, 21, 34, 47, 59~62, 140~142, 147, 180~187, 189, 204
김재규 148, 152, 153, 156, 158, 196
김정은 188, 189
김정일 180, 183, 185~189, 202, 204~206
김종필 96, 98, 198~200
김주열 93, 95
김준엽 15
김준태 156, 165
김지희 170

ㄴ

나세르 99, 104
남로당 53~57
내각 책임제 96
냉전 체제 24, 177, 179, 203
노덕술 51
노무현 57, 205, 206, 213
노태우 158, 172, 173, 175~179, 197~199
닉슨 136

ㄷ

대통령제 86, 87, 96
대통령 직선제 80, 81, 197
대한 독립 촉성 국민회 48, 53
대한민국 임시 정부 15, 18, 19
도너번 17
동아일보 31, 36, 38, 39, 137

ㄹ

레닌 30
루스벨트 24

ㅁ

마셜 플랜 45
마오쩌둥 183
매그루더 102
맥스 데스포 64, 70
맥아더 68, 69
모스크바 3상 회의 39~43, 45
문민정부 200
문부식 170
문익환 172
미 군정 18, 46, 48, 54, 55, 60, 61, 167
미·소 공동 위원회 39, 42~46
미·소 양국군 진주 22

ㅂ

박성철 140, 141
박정희 77, 96, 98~106, 108~126, 131~142, 145~153, 158, 196, 211~213
박종철 172, 173
박헌영 34, 37, 40, 62
박흥식 50
반공 교육 142, 143, 145
반공 체제 142
반민족 행위 특별 조사 위원회 50
백골단 79
백의사 35
백기완 157
베트남 파병 106, 111~113
부마 민주 항쟁 148, 151
북방 외교 178
불균형 성장론 123
비상계엄 150, 151

ㅅ

사사오입 개헌 82
4·19 혁명 86, 92, 94~97, 104, 106, 152, 158, 165, 166, 213
4할 사전 투표 89
3권 분립 85, 103, 138, 139
3당 합당 199, 200
3·15 부정 선거 92
3·1 운동 30, 52
삼청 교육대 167
새마을 운동 119, 124, 125
샌프란시스코 강화 조약 107
서북 청년단 54
서울 올림픽 176~179
서울의 봄 158, 159, 165, 197
선군 정치 187, 188
소련 군정 60
손기정 31
수령론 185~188
스탈린 24, 60, 183
스티코프 43
10월 유신 136, 137, 139, 141, 149
신익희 82~84, 91
신자유주의 193, 195
신탁 통치 29, 34, 36~43
신현확 158
10·4 남북 공동 선언 205
10·26 사건 148, 151, 156, 158

ㅇ

IMF 외환 위기 190
아타튀르크 99, 104
야간 통행금지 167, 168
얄타 회담 24, 29
양희은 147

엔도 32, 33
여운형 13, 30~35, 37, 40, 180
연방제 204, 205
5·10 총선거 48, 55, 60
5·16 군사 쿠데타 96, 105, 106, 114, 132, 142, 166
5·18 민주화 운동 155, 156, 160, 164~166, 168, 170, 172, 173, 175, 197, 213
워싱턴 86, 87
유신 체제 132, 139, 147~153, 155~158, 166, 167, 170, 196, 197
유신 헌법 138, 139, 149
유엔 19, 46, 47, 68
유엔군 65, 67~73, 102
6월 민주 항쟁 155, 166, 173, 175, 176, 197, 213
윤보선 96, 98, 102, 132
6·29 선언 175
6·25 전쟁 52, 56, 64, 65, 68, 69, 73, 106, 112, 170, 181, 184
6·15 남북 공동 선언 204~207

6·15 남북 정상 회담 202
이광수 50
이기붕 89, 92
이명박 206, 207, 214
이산가족 202, 203, 205
이소선 131
이승만 18, 19, 44, 45, 48~51, 53, 55, 57~61, 64, 67~69, 71, 77~97, 99, 180
이정재 103
2차 세계 대전 12, 19, 22~24, 106, 107
이청천 17
이후락 140
인민 위원회 27, 60~62
인천 상륙 작전 68, 69
1·4 후퇴 70

ㅈ

장기표 131
장도영 102
장면 83, 91, 96, 98, 101, 102
장준하 15, 16
전두환 156~159, 161~173, 175~177, 197, 198, 204
전태일 122, 126, 128~131
정전 협정 70~72
정전 회담 70
정주영 207
정호용 158
제1공화국 96, 166
제2공화국 96, 115, 132, 166
제3공화국 114, 166
제4공화국 166
제5공화국 166, 167, 170, 173, 175, 176, 197
제주 4·3 사건 52, 53, 57
제헌 국회 49, 78
조국 근대화 115, 122, 132
조국 통일 민주주의 전선 64
조국 통일 3대 원칙 140, 204
조만식 60
조병옥 88, 91
조봉암 84, 85, 87
조선 건국 동맹 32
조선 건국 준비 위원회 30, 32, 33
조선 공산당 53
조선 공작단 20, 21
조선 민주주의 인민 공화국

58, 62~64, 180

조선 인민 공화국 34

조선 인민군 61

조선중앙일보 31

조영래 131

좌우 합작 운동 45

좌우 합작 위원회 45

주다노프 21

주체사상 141, 180, 184~188

중앙정보부 133, 134, 153, 196

중화 인민 공화국 69, 136

지역감정 134, 136

ㅊ

차지철 101, 152, 153

참여 정부 213

채광석 171

처칠 24

천리마 운동 182

촛불 시위 214

최고 인민 위원회 62, 63

최규하 157

최남선 50

최린 50

최인규 88, 152

최인순 170

치스차코프 26

친일파 50, 51, 58, 78, 180

7·4 남북 공동 성명 140, 141, 202~204, 207

ㅋ

카를 마르크스 185

카이로 회담 41

ㅌ

태평양 전쟁 20, 50, 111

토머스 제퍼슨 175

통일 주체 국민 회의 137, 138, 157, 166

트루먼 24

ㅋ

판문점 71

8·15 해방 12, 21

88 여단 20

포항 종합 제철 117

프로 야구 168, 169

ㅎ

하지 28

학도병 15

한·일 회담 106, 108, 110, 111

한지근 35

함석헌 157

함세웅 172

함운경 171

협동 농장 181

햇볕 정책 206, 207

호찌민 111

호헌 철폐 173

휴전선 71

히로시마 22, 23

히로히토 12

사진·그림 제공 및 출처

❈ 사진 자료에 도움을 준 기관

국가기록원	대한민국 정부 수립 선포식 49, 대동강 철교를 건너는 피난민들 65, 이승만 동상 87, 5대 대통령 취임식 105, 베트남 파병 장병 112, 지하철 1호선 개통 121, 유신 헌법 공포식 138, 프로 야구 창단 개막식 169
국립민속박물관	원조 밀가루 포대 114, 새마을 운동 모자 125
독립기념관	사격 훈련을 하고 있는 광복군 16, 광복군 배지 16, 신탁 통치 반대 전단 38, 5·10 총선거 유세 전단 48
몽양여운형선생기념사업회	운동을 좋아한 여운형 31, 조선 건국 준비 위원회 32, 여운형의 군중 연설 33, 여운형의 장례식 35
미국립문서기록관리청	제주도에 온 미 군정 수뇌부 54
백범김구선생기념사업회	김구와 도너번 17, 개인 자격으로 귀국한 김구 18, 38선을 넘는 김구 47
3·15의거기념사업회	3·15 부정 선거 규탄 마산 시위 92
새마을운동중앙회	새마을 운동 깃발 125
서울시립대학교박물관	부착형 사이렌 74, 10월 유신 홍보물 139, 불온 삐라 신고 포스터 144
장준하기념사업회	광복군 15
해공신익희선생기념사업회	신익희 후보의 한강 변 유세 83, 민주당의 정·부통령 선거 유세 차량 83

❈ 사진 자료에 도움을 준 곳

경향신문사	국기 하강식에 맞춰 국기에 대한 경례를 하는 시민들 143
눈빛출판사	낙동강 변 피난민촌 74, 급수차를 기다리는 부녀자들 75, 피난민촌 천막 학교 75
뉴스뱅크이미지	3인조·5인조 투표 행렬 90, 경무대 앞 시위 93, 탱크 위에서 환호하는 시민들 94, 마산 시내에 투입된 공수 부대 151, 한보 그룹 앞에서 시위하는 협력 업체 191, 남북 고향 방문단 이산가족 상봉 203
리베르스쿨	끊어진 한강 철교(『한국사를 보다 5』) 68, 구호물자를 받는 아이들(『한국사를 보다 5』) 75
민중의소리	국방위원장 김정일 187
북앤포토	국립 4·19 민주 묘지 95
연합뉴스	원자 폭탄에 폐허가 된 히로시마 22, 일장기 말소 사건 31, 미·소 공동 위원회가 열린 덕수궁 석조전 42, 탱크를 몰고 남으로 내려오는 북한군 66, 전쟁으로 폐허가 된 서울 72, 피난민 아이들 74, 포항 종합 제철 제2고로 화입식 117, 포항 종합 제철 117, 전태일 동상 130, 서울을 방문한 박성철 141, 현장 검증 중인 김재규 153, 계엄사령부 합동 수사 본부장 전두환 157, 국립 5·18 민주 묘지 165, 삼청 교육대 훈련 167, 서울 미 문화원 점거 농성 171, 서울 올림픽에 참가한 소련과 동독 선수 177, 서울 올림픽 개막식 178, '고난의 행군' 시기의 북한 열차 188, 국방 위원회 제1위원장 김정은 189, 납치 경위를 설명하는 김대중 196, 서로 외면하고 있는 김대중과 김영삼 198, 김대중 대통령 당선에 기뻐하는 시민들 201, 두 손을 맞잡은 남북 정상 204, 개성 공단 206, 10·4 남북 공동 선언문에 서명하는 남북 정상 206, 정주영 회장의 소 떼 방북 207, 촛불 시위 214

WIKIMEDIA COMMONS	반민 특위 공판 51, 전 조선 제 정당·사회 단체 대표자 연석회의 59, 북한의 초대 내각 62, 인천 상륙 작전을 지휘하는 맥아더 69, 사사오입 개헌 통과에 항의하는 야당 의원 82
중앙포토	김일성의 귀국 21, 도청 앞 발포로 목숨을 잃은 시민들 164
효형출판사	협동 농장(「동독 도편수 러셀의 북한 추억」) 181

사진 자료에 도움을 준 분

구은지	히로시마의 원폭 돔 23
김재영	자수하여 광명 찾자 표어 144
나경택	계엄군과 대치 중인 전남대학교 학생들 160, 곤봉으로 학생을 내려치고 있는 계엄군 160, 시내를 질주하는 시민군 162, 희생자들의 장례식 164
명연파	백조일손지묘 57, 주체탑 184, 김일성 동상 186
이일혁	포니 자동차 121
황종건	음식을 준비하는 시민들 163, 헌혈하는 사람들 163

그림 자료에 도움을 준 분

양순옥	수출탑과 노동자 211

(주)사계절출판사는 이 책에 실린 모든 자료의 출처를 찾기 위해 최선을 다했습니다.
저작권자를 찾지 못해 게재 허락을 받지 못한 사진은 저작권자가 확인되는 대로 사용료를 지불하겠습니다.

키워드 한국사 7

2014년 6월 27일 1판 1쇄
2017년 8월 31일 1판 4쇄

지은이 | 김성환
그린이 | 김은미 · 김숙경

기획 · 편집 | 최옥미 · 강변구
표지 디자인 | 김지선
표지 그림 | 홍선주 **표지 제목 글씨** | 김기조
제작 | 박흥기
마케팅 | 이병규 · 이민정 · 최다은

인쇄 | 코리아피앤피
제책 | 정문바인텍

펴낸이 | 강맑실
펴낸곳 | (주)사계절출판사
주소 | (우)10881 경기도 파주시 회동길 252
등록 | 제406-2003-034호
전화 | (031) 955-8588, 8558
전송 | 마케팅부 031) 955-8595 편집부 031) 955-8596
홈페이지 | www.sakyejul.co.kr **전자우편** | skj@sakyejul.co.kr
블로그 | skjmail.blog.me **트위터** | twitter.com/sakyejul
페이스북 | facebook.com/sakyejul

ⓒ 김성환 2014

값은 뒤표지에 적혀 있습니다. 잘못 만든 책은 구입하신 서점에서 바꾸어 드립니다.
사계절출판사는 성장의 의미를 생각합니다. 사계절출판사는 독자 여러분의 의견에 늘 귀 기울이고 있습니다.
이 책은 저작권법에 따라 보호받는 저작물이므로 무단전재와 무단복제를 금합니다.

ISBN 978-89-5828-377-5 74910
ISBN 978-89-5828-370-6 (세트)